# ¿CUÁNTO SABES de HISTORIA DE ESPAÑA?

# ¿CUÁNTO SABES de HISTORIA DE ESPAÑA?

¿eh?

*Una entretenida manera de conocer mejor nuestra historia*

VOX

*Dirección editorial:*
Jordi Induráin

*Edición:*
Emili López

*Ilustración:*
Eva Zamora

*Redacción:*
Antoni Romeu

*Corrección:*
Àngels Olivera

*Diseño de cubierta, maquetación y preimpresión:*
Víctor Gomollón



Mallorca, 45, 3.ª, 08029 Barcelona

vox@vox.es · www.vox.es



ISBN: 978-84-9974-056-0

Depósito legal: B.4251-2012

1E1I

# PRESENTACIÓN

La historia de España presenta muchos episodios por todos conocidos: la Hispania romana, la Reconquista, la guerra de la Independencia... Pero ¿estamos seguros de que realmente podemos responder a unas preguntas sobre ellos? Por ejemplo, ¿a qué emperador romano nacido en Hispania se dedicó el puente de Alcántara? o ¿Quién dirigió el ejército musulmán que fue vencido por las huestes de don Pelayo en la batalla de Covadonga?

Este sencillo volumen tiene como objetivo poner a prueba sus conocimientos sobre nuestra historia a través de un juego de preguntas y respuestas. Para ello, proponemos unas 200 cuestiones para comprobar hasta qué punto conocemos el pasado de España y pasar un rato agradable afinando nuestra erudición histórica o simplemente recordando algunos detalles aprendidos durante los años de estudio o tras lecturas de temas históricos.

Al final del libro se pueden encontrar todas las respuestas correctas, pero además se explican, de manera sucinta, algunos detalles más sobre el tema de la pregunta, complementando su redacción y enmarcándola en el momento histórico en que sucede, con el propósito de entender un poco mejor el pasado.

LOS EDITORES

**1 /** Los arqueólogos han encontrado en Atapuerca (Burgos) restos de los homínidos más antiguos de la península Ibérica, de hace unos 800 000 años. ¿Qué nombre reciben?

a: *Homo neanderthalensis*

b: *Homo antecessor*

c: *Homo predecessor*

d: *Homo atapuercus*

e: *Homo heidelderbengensis*

**2 /** ¿A que etapa de la prehistoria corresponden las pinturas rupestres de Altamira, fechadas hace unos 16 000 años y situadas en Santillana del Mar (Cantabria)?

a: Mioceno

b: Neolítico

c: Mesolítico

d: Paleolítico

e: Edad de hierro

**3 /** ¿Dónde se encontraba el núcleo central de las civilizaciones de Los Millares y El Argar, que florecieron, respectivamente, entre 2700 y 2000 a. J.C. y entre 2000 y 1300 a. J.C.?

a: En las islas Baleares

b: En el sureste peninsular

c: En la cuenca baja del Guadalquivir

d: En la cuenca baja del Guadiana

**4** / En la imagen se ve uno de los monumentos más conocidos de la cultura megalítica talayótica, propia de Mallorca y Menorca y de unos 3000 años de antigüedad. ¿Qué nombre recibe este monumento?

- a: Moai
- b: Ínsula
- c: Talayot de Mahón
- d: Naveta des Tudons
- e: Pedrera de Can Pastilla

**5** / ¿Qué nombre reciben los poblados prerromanos, de origen celta, del noroeste peninsular?

- a: Castros
- b: Hórreos
- c: Urdiales
- d: Favelas
- e: Balaídos

**6** / En la localidad de El Tiemblo (Ávila) se encuentran las esculturas de los Toros de Guisando. ¿A qué pueblo prerromano se atribuyen?

- a: Vetones
- b: Astures
- c: Guisandos 7
- d: Vacceos
- e: Alanos

**MAPA 1** / En este mapa está representado el núcleo central de la civilización de Tartessos (en lila), que floreció entre el siglo IX y V a. J.C., y su área de influencia. Pero ¿a qué
8 civilización pertenecen las ciudades señaladas en rojo, cuyas rutas comerciales están señaladas en verde?

**a:** Ibera **b:** Fenicia **c:** Griega **d:** Micénica

Ahora, una el nombre de algunas de estas ciudades con sus actuales denominaciones:

| | |
|---|---|
| Gadir | Melilla |
| Sexi | Málaga |
| Rusadir | Ibiza |
| Malaka | Adra |
| Ebusus | Huelva |
| Abdera | Ceuta |
| Onuba | Cádiz |
| Abyla | Almuñécar |

7 / ¿Cómo se llama esta escultura?

a: Dama de Játiva

b: Dama de Baza

c: Dama de Elche

d: La fallera ibérica

9

8 / ¿A qué cultura se debe la introducción de la escritura en la península Ibérica?

a: Fenicia

b: Celta

c: Ibera

d: De los escribas egipcios

e: Romana

9 / ¿Qué dos colonias griegas están documentadas arqueológicamente en la península?

a: Emporion y Rhode

b: Hemeroskopeion y Mainake

c: Gadir y Ebusus

d: Abdera y Rusadir

10 / El general cartaginés Aníbal Barca cruzó los Pirineos en el año 218 a. J.C. en ruta hacia Italia para enfrentarse a los romanos. ¿Qué animales africanos llevaban sus ejércitos?

a: Camellos

b: Elefantes

c: Jirafas

d: Leones

10

**11** / El teatro romano de Mérida (15 a. J.C) es uno de los grandes monumentos de la época romana que se conservan en España. ¿Cuál de estos no es una obra de la época romana?

- **a:** Puente del Diablo de Martorell
- **b:** Acueducto de Segovia
- **c:** Teatro Romano de Sagunto
- **d:** Puente la Reina de Navarra
- **e:** Arco de Triunfo de Medinaceli
- **f:** Murallas de Lugo

**12** / ¿Qué significó convento jurídico (*conventus iuridici*) en época romana?

- **a:** Templo dedicado a los dioses de la justicia
- **b:** Asociación de abogados de las provincias de Hispania
- **c:** Asamblea que asesoraba al gobernador en sus funciones judiciales
- **d:** Capital de un distrito judicial de las provincias

**13 /** El mosaico de la imagen procede de Emerita Augusta (Mérida). Esta fue una de las técnicas artísticas en la que destacaron los romanos ¿Por qué motivo?

**a:** Eran elementos imprescindibles en el culto a los lares

**b:** Eran elementos decorativos que indicaban el nivel económico de sus propietarios

**c:** Servían para aprovechar los ladrillos rotos, ya que su coste de fabricación era carísimo

**d:** Fue una técnica que se encontraron a su llegada a la península, ya que los iberos eran unos expertos

**14 /** A qué nombres de ciudades actuales corresponden los nombres latinos de Lucentum, Iluro y Brigantium:

**a:** Lucena, Elche y Brihuega

**b:** Alicante, Mataró y La Coruña

**c:** Lugo, Illescas y Sabadell

**d:** Almería, Manresa y Vigo

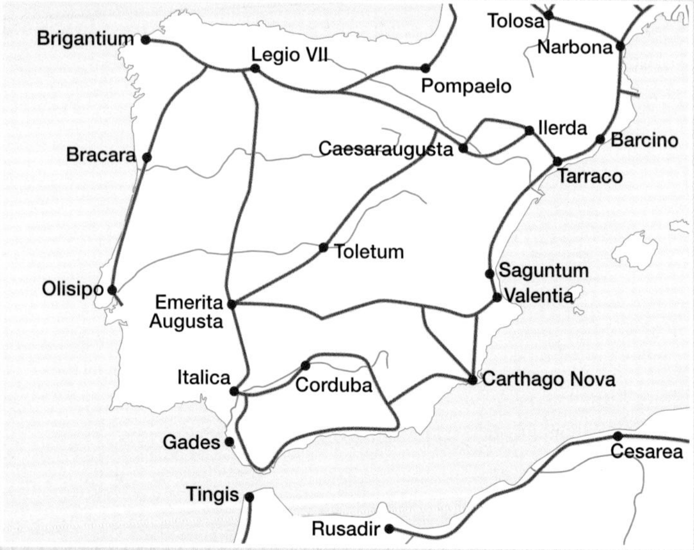




**MAPA 2 /** En este mapa se observan las principales calzadas romanas de Hispania. Entre ellas destacó la vía Augusta, que unía, entre otras, las ciudades de...

**a:** Gades (Cádiz) y Barcino (Barcelona)

**b:** Emerita Augusta (Mérida) y Caesaraugusta (Zaragoza)

**c:** Tarraco (Tarragona) y Lucus Augusti (Lugo)

**d:** Saguntum (Sagunto) y Bracara (Braga)

**e:** Toletum (Toledo) e Hispalis (Sevilla)

¿Cómo se denominaba la continuación de la vía Augusta, al norte de Hispania y en dirección a Roma?

**a:** Vía Aurelia

**b:** Vía Domitia

**c:** Vía Agrippa

**15 /** En el 27 a. J.C., al acabar la república romana e iniciarse el Imperio, con Augusto como emperador, se dividió Hispania en tres provincias. ¿Cómo se denominaban?

**a:** Tarraconense, Gallaecia y Cartaginense

**b:** Tarraconense, Lusitania y Bética

**c:** Bética, Lusitania y Gallaecia

**d:** Bética, Barcinonense e Ilicitana

**e:** Barcinonense, Cartaginense y Basconia

**16 /** El puente de Alcántara (104 d. J.C.), que cruza el Tajo en la localidad homónima, fue construido en honor de un emperador nacido en Hispania. ¿Quién?

**a:** Marco Aurelio

**b:** Claudio

**c:** Nerón

**d:** Máximo

**e:** Trajano

**f:** Ben Hur



**17 /** El declive del dominio romano de la península se inicia a principios del siglo V con la irrupción de los pueblos germánicos. ¿Cuáles fueron?

**a:** Suevos, vándalos, visigodos y alanos

**b:** Visigodos, burgundios y hunos

**c:** Ostrogodos, sajones, bereberes y visigodos

**d:** Teutones, alanos, visigodos y francos

**14** **MAPA 3 /** Este es el mapa del Reino de los Visigodos, que acabó por conquistar (flechas azules) el reino suevo y los territorios de los vascones y los cántabros. Pero la zona del sureste peninsular y las Baleares, en verde, ¿a quién pertenecieron entre 554 y 624?

**a: Beréberes**
**b: Burgundios**
**c: Bizantinos**
**d: Lombardos**

Aparece en el mapa el emplazamiento de Auca, desde donde se emprendió la conquista del norte peninsular. ¿A qué localidad actual se refiere?

**a: Burgos**
**b: Villafranca Montes de Oca**
**c: Miranda de Ebro**
**d: Quintanaortuño**

**18 /** ¿Qué ciudad del reino hispanovisigodo fue importante por sus concilios?

**a: Córdoba**
**b: Toledo**
**c: Barcelona**
**d: Mérida**

**MAPA 4 /** Este mapa de la conquista islámica del Reino Visigodo nos muestra, en naranja, los reductos cristianos que quedaron, y en amarillo, los territorios cristianos independientes del norte. Las flechas verde y roja indican el recorrido de conquista que siguieron los principales invasores. Se trata de:

**a:** Abu Abbas (roja) y Mu'awiyya (verde)

**b:** Tariq ibn Ziyad (roja) y Musa ibn Nusayr (verde)

**c:** Hiyaz al-Kaba (roja) y Tariq ibn Ziyad (verde)

**d:** Mohamed Ali (roja) y Musa ibn Nusayr (verde)

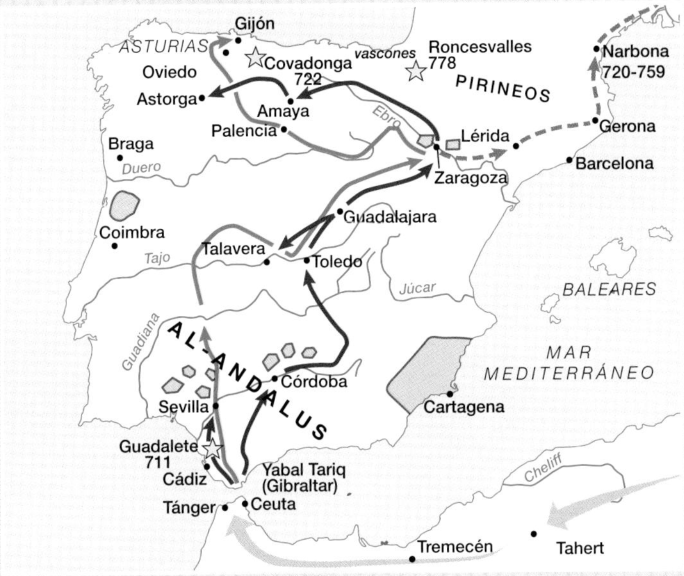




De las tres batallas, indicadas con estrellas amarillas, solo una es una victoria musulmana. ¿Cuál?

**a:** Covadonga

**b:** Guadalete

**c:** Roncesvalles

**19** / La batalla de Covadonga del año 722 está considerada el punto de inicio de la Reconquista. ¿Quién dirigió los destacamentos de musulmanes que se enfrentaron a las huestes de don Pelayo?

a: Almanzor | b: Al-Qama | c: Muguruza | d: Muza | e: Munuza

**20** / En 756 se constituyó el emirato de Córdoba. ¿Qué emir, en 786, mandó construir, sobre una antigua basílica cristiana visigoda, la mezquita de Córdoba?

**21** / En el año 778 tuvo lugar la batalla de Roncesvalles, donde se enfrentaron francos y vascones, venciendo estos últimos. ¿Qué famoso poema hace referencia a esta batalla?

a: Cantar de Aspremont
b: Cantar de Roldán
c: La peregrinación de Carlomagno
d: Desde Roncesvalles con amor

**22** / En octubre del año 844, una flota de barcos como el del dibujo saqueó la ciudad de Sevilla. ¿A qué pueblo pertenecía la flota?

a: Guanche
b: Vikingo
c: Bizantino
d: Sajón
e: Carolingio

**23** / El emirato de Córdoba se transformó en califato en 929. ¿Quién fue el último califa, tras cuya caída, en 1031, el califato se desintegró en los reinos de taifas?

a: Almanzor
b: Hisham II
c: Hisham III
d: Abd-el-Rahman III
e: Al-Hakam II

**24** / ¿Qué reino de taifas conquistó las Baleares y Cerdeña?

a: Tortosa
b: Murcia
c: Denia
d: Zaragoza

**25** / En el monasterio de Santa María la Real de Nájera (en la imagen su claustro gótico plateresco, del siglo XVI) hay enterrados monarcas del...

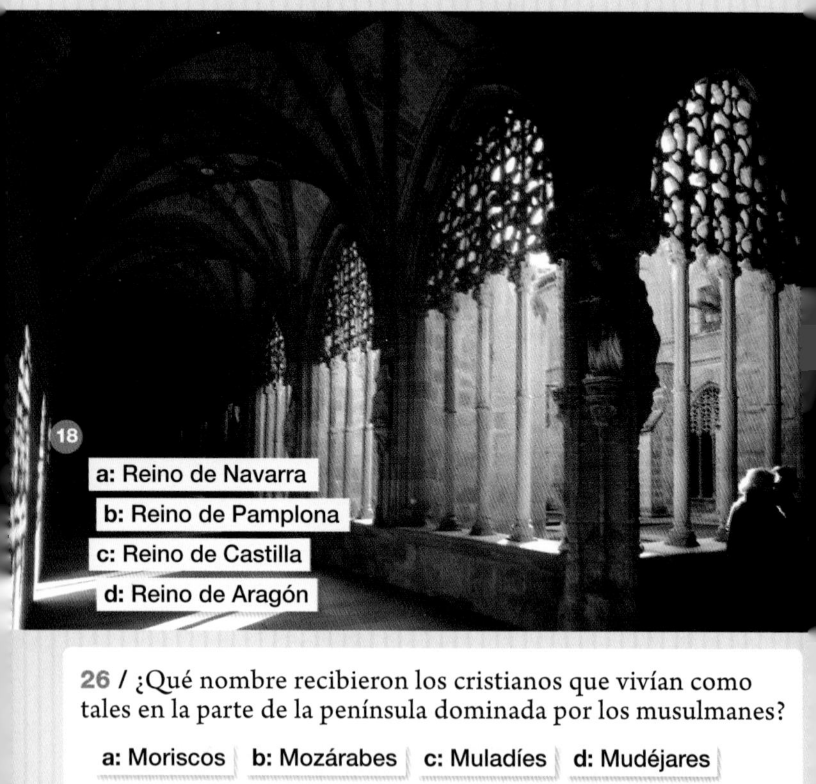

18

- a: Reino de Navarra
- b: Reino de Pamplona
- c: Reino de Castilla
- d: Reino de Aragón

**26** / ¿Qué nombre recibieron los cristianos que vivían como tales en la parte de la península dominada por los musulmanes?

a: Moriscos | b: Mozárabes | c: Muladíes | d: Mudéjares

**27** / Las *Glosas Emilianienses* son uno de los textos más antiguos escritos en un romance hispánico considerado antecedente del castellano. ¿De qué año son, aproximadamente?

a: 900 | b: 1150 | c: 1000 | d: 1270 | d: 850

**MAPA 5** / Las flechas verdes de este mapa representan las campañas, a finales del siglo XI, de Yusuf ibn Tasfin, un emir...

**a:** Almohade
**b:** Almorávide
**c:** Selyúcida
**d:** Fatimí

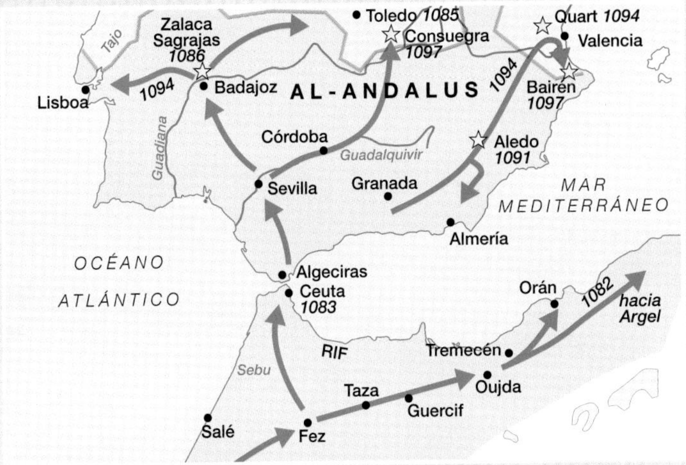


De las batallas señaladas con una estrella amarilla en el mapa, solo tres fueron victorias musulmanas. ¿Cuáles?

**a:** Aledo, Bairén y Quart
**b:** Sagrajas, Consuegra y Bairén
**c:** Sagrajas, Aledo y Consuegra



**28** / ¿Quiénes eran los Banu Qasi?

**a:** Una dinastía feudal que gobernó en el valle del Segura
**b:** Una familia muladí que dominó la zona del valle del Ebro
**c:** Tropas mercenarias que lucharon junto a Almanzor
**d:** Era una denominación despectiva con que los musulmanes designaban a los habitantes de la judería de Zaragoza

29 / Besalú, en cuya entrada destaca un puente románico, fue la capital de uno de los condados catalanes, vinculados a Wifredo el Velloso. Finalmente, en 1111, fue anexionado al condado de Barcelona por...

a: Ramón Berenguer III

b: Wifredo Borrell

c: Berenguer Ramón I

d: Pedro el Ceremonioso

e: Martín el Humano

30 / ¿Qué rey de Castilla y León incorporó definitivamente a su reino la fortaleza musulmana de Mayrit, origen de Madrid?

a: Alfonso VI el Bravo

b: Enrique III el Tierno

c: Sancho II el Fuerte

d: Fernando I el Magno

**31** / El pórtico de la Gloria de la catedral de Santiago de Compostela, románico del siglo XII, da la bienvenida a los peregrinos llegados por los diferentes caminos para venerar la tumba del apóstol. ¿Que nombre recibe la compilación, de esa misma época, en la que se detalla el ritual de la peregrinación?...

**a:** *Liber Iudiciorum*

**b:** *Codex Alexandrinus*

**c:** *Codex Calixtinus*

**d:** *Codex Alimentarius*



**32** / ¿Qué eran las parias?

**a:** Personas situadas en los estratos más bajos de la pirámide social feudal

**b:** Campos de cultivo de uso comunal propiedad de los concejos municipales

**c:** Tributos que los reinos cristianos obligaban a pagar a los reinos de taifas musulmanes

**d:** Tributos que debían pagar los campesinos a los señores feudales para convertirse en hombres libres

33 / La colegiata de Santa Juliana de Santillana del Mar, ¿a qué estilo pertenece?

a: Mudéjar

b: Visigótico

c: Románico

d: Gótico

e: Barroco

34 / ¿Existió realmente una reina de Castilla y León llamada Urraca?

a: No, se trata de un personaje literario que aparece en las cantigas de Alfonso X el Sabio

b: Sí, reinó en el siglo XII

**35** / Alfonso X el Sabio, rey de Castilla conocido por su obra cultural, tuvo con Violante de Aragón varios hijos. ¿Cómo se llamaba el primogénito, cuyo prematuro fallecimiento provocó un enconado pleito sucesorio?

**a:** Sancho
**b:** Pedro
**c:** Jaime
**d:** Fernando

**36** / Jaime I el Conquistador tomó Valencia en 1238. ¿Qué hizo el rey con el nuevo territorio tomado a los árabes?

**a:** Lo integró en Aragón
**b:** Lo integró en Cataluña
**c:** Creó un nuevo reino
**d:** Lo dejó en manos de un emir musulmán, que pasó a ser su vasallo



**37** / ¿Qué orden militar tuvo un papel decisivo en la batalla de las Navas de Tolosa, que tuvo lugar en el año 1212?

**a:** La orden del Temple
**b:** La orden del Hospital
**c:** La orden de San Juan
**d:** La orden de Calatrava

**38** / Jaime I el Conquistador heredó el trono de la Corona de Aragón siendo muy joven ya que su padre, Pedro I el Católico...

**a:** Murió en la batalla de las Navas de Tolosa, luchando contra los musulmanes
**b:** Murió en Tierra Santa, durante una cruzada
**c:** Murió como consecuencia de la peste negra
**d:** Murió en la batalla de Muret, luchando al lado de los albigenses
**e:** Murió anciano en el monasterio de Poblet, donde se había retirado después de renunciar al trono

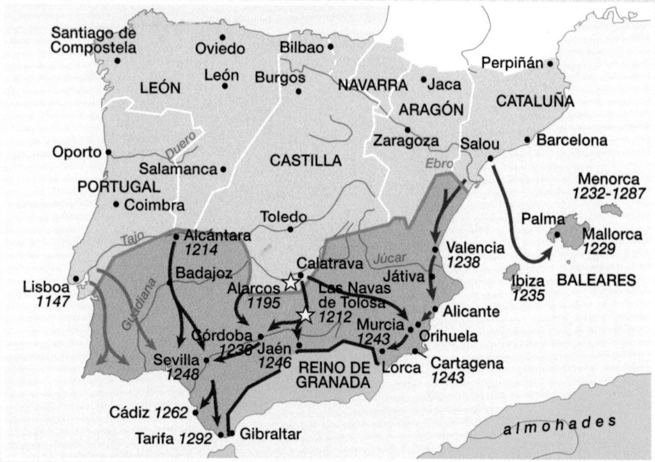


**MAPA 6 /** La etapa final de la Reconquista queda reflejada
24 en este mapa, en el que el unico territorio islámico peninsular (en verde) se reduce al Reino de Granada. Los avances representados por las flechas en rojo y en azul son de los ejércitos ¿de qué reyes?

- **a:** Fernando III de Castilla (azul) y Jaime I de Aragón (roja)
- **b:** Alfonso X de Castilla (roja) y Pedro III de Aragón (azul)
- **c:** Jaime I de Aragón (azul) y Fernando III de Castilla (roja)
- **d:** Sancho IV de Castilla (roja) y Alfonso III de Aragón (azul)

Dos batallas esenciales de esta época están señaladas con una estrella amarilla. ¿Quién fue el vencedor?

- **a:** Ambas los cristianos
- **b:** musulmanes (Alarcos) y cristianos (Navas de Tolosa)
- **c:** cristianos (Alarcos) y musulmanes (Navas de Tolosa)
- **d:** Ambas los musulmanes

**39** / ¿Que rey creó el Honrado Concejo de la Mesta de Pastores?

**a:** Fernando el Católico

**b:** Alfonso X el Sabio

**c:** Alfonso XI el Justiciero

**d:** Pedro I el Cruel

**40** / ¿Qué relación tenían los reyes de Castilla Pedro I el Cruel y Pedro I el Justiciero?

**a:** Eran primos pero los dos no eran castellanos: el Cruel era rey de Castilla y el Justiciero de Portugal

**b:** No hay relación: Pedro I el Cruel es un rey castellano del siglo XII y Pedro I el Justiciero un rey aragonés del siglo XIII

**c:** Son la misma persona: sus partidarios le llamaban el Justiciero y sus detractores, el Cruel

**d:** Eran padre e hijo: Pedro I el Cruel fue hijo de Pedro I el Justiciero



**41** / El castillo de Valencia de Don Juan fue mandado construir en el siglo XIV por Juan de Portugal. ¿Cómo se llamaba su madre?

**a:** Beatriz de Portugal

**b:** Inés de Castro

**c:** Leonor Téllez de Meneses

**d:** Constanza Manuel

**42** / ¿Qué reina de Navarra murió, en 1349, como consecuencia de la peste negra?

- a: Juana II
- b: Margarita de Borgoña
- c: Clemencia de Hungría
- d: Blanca de Artois

**43** / ¿Quién pronunció la frase «ni quito ni pongo rey, pero ayudo a mi señor»?

- a: El Cid Campeador
- b: Bertrand du Guesclin, noble francés
- c: Abad Oliba
- d: Es una frase legendaria sin una clara referencia histórica

**44** / ¿Cuál es el lema del escudo nazarí, que se encuentra escrito en distintos rincones de la Alhambra de Granada?

- a: *Non plus ultra*
- b: Tanto monta, monta tanto
- c: Con tu escudo, o encima de él
- d: Solamente Alá vence
- e: *Salam aleikum*

**45** / ¿Bajo qué rey se convirtió en estable el órgano permanente de las cortes de los estados de la Corona de Aragón llamado Diputación del General?

**a:** Pedro el Ceremonioso (1336-1387)

**b:** Jaime el Conquistador (1213-1276)

**c:** Fernando de Antequera (1412-1416)

**d:** Martín el Humano (1396-1410)

**46** / En la Corona de Aragón, Martín el Humano falleció en 1410 sin descendencia. ¿Cómo se llama la reunión que en 1412 eligió como nuevo rey a Fernando, de la dinastía castellana de Trastámara?

**a:** Capitulaciones de Morella

**b:** Compromiso de Caspe

**c:** Tratado de Tudillén

**d:** Pacto del Tinell

**47** / En la fortaleza de Peñíscola estableció su corte Pedro Martínez de Luna, conocido como el Papa Luna, hasta su muerte en 1433. ¿Cuál fue su nombre papal?

**a:** Benito XIII

**b:** Urbano IV

**c:** Vicente IV

**d:** Clemente VII

**c:** Calixto III

**48 /** ¿Qué noble castellano al servicio de Juan II de Castilla (1406-1454), que alcanzó tanto poder que está considerado el precursor de la figura del valido, aparece citado tanto en las *Coplas a la muerte del maestre don Rodrigo* de Jorge Manrique como en *El Quijote* de Cervantes?

**a:** El Duque de Alba
**b:** Amadís de Gaula
**c:** Berenguer Ramón I
**d:** Álvaro de Luna
**e:** Gonzalo Fernández de Córdoba

**49 /** ¿Qué reina de Castilla de los siglos XV y XVI tuvo una gran devoción por el extremeño monasterio de Guadalupe?

**a:** Juana I la Loca
**b:** Isabel I la Católica
**c:** Blanca II de Navarra
**d:** Juana de Portugal



**50 /** ¿Qué noble de origen normando inició en 1402 la colonización de las Canarias para el reino de Castilla?

**a:** Bernat de Claravall
**b:** Guillermo de Baskerville
**c:** Robin de Braquemon
**d:** Jean de Béthencourt

**51** / Isabel de Castilla se casó con Fernando de Aragón, y en 1496 les fue concedido el título de Reyes Católicos. ¿Dónde y en qué año contrajeron matrimonio?

- a: Segovia (1470)
- b: Valladolid (1469)
- c: Zaragoza (1487)
- d: Sevilla (1469)

**52** / ¿De quién dijo el cronista Sebastián de Olmedo que era «martillo de los herejes, la luz de España, el salvador de su país, el honor de su orden»?

- a: Francisco Jiménez de Cisneros
- b: Antonio de Nebrija
- c: Girolamo Savonarola
- d: Felipe II
- e: Tomás de Torquemada

**53** / ¿Cómo se llamaban las tres carabelas del primer viaje de Cristóbal Colón a América?

- a: Perla, Nido y Santa Madrona
- b: Pinta, Niña y Santa María
- c: Pilar, Natal y Santa Cruz
- d: Rodriga, Prieta y San Juan

**MAPA 7** / En este mapa están representados los viajes de Cristóbal Colón a América. El primer viaje es de color rosa, pero ¿a qué color corresponde el segundo, el tercero y el cuarto?

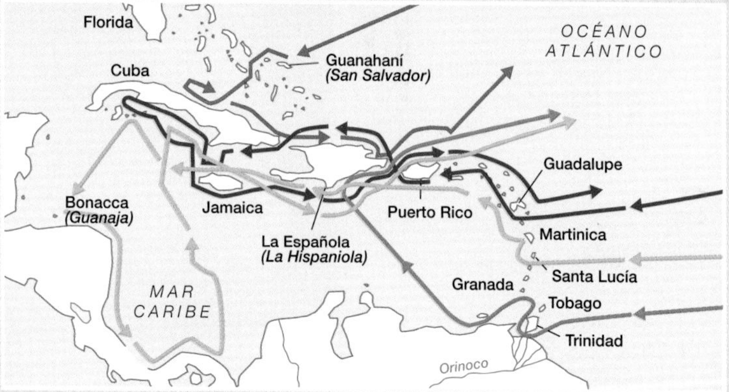


30

| | |
|---|---|
| Naranja | Segundo |
| Amarillo | Tercero |
| Rojo | Cuarto |

Cristóbal Colón no supo que había encontrado un nuevo continente ni conoció el océano Pacífico. ¿Quién fue el primer conquistador que lo divisó?

a: Diego de Almagro
b: Hernando Pizarro
c: Vasco Núñez de Balboa
d: Álvar Núñez Cabeza de Vaca

**54** / ¿Cuál fue el papa que, mediante la bula *Inter caetera* (1493), concedió a los Reyes Católicos todos los derechos sobre las tierras descubiertas en América?

a: Pablo II
b: Sixto IV
c: Inocencio VIII
d: Alejandro VI
e: Pío III

**55** / Isabel la Católica, representada en este óleo en su lecho de muerte (*Doña Isabel la Católica dictando su testamento*, de Eduardo Rosales) falleció en Medina del Campo en 1504. Pero, ¿dónde está enterrada?

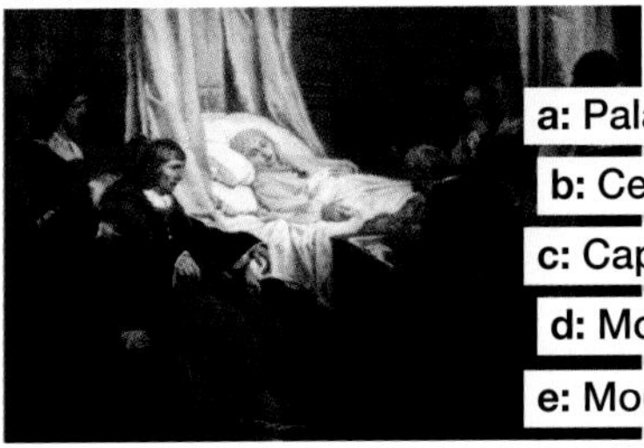

**a:** Palacio real de Medina del Campo

**b:** Cementerio de Alba de Tormes

**c:** Capilla real de Granada

**d:** Monasterio de Poblet

**e:** Monasterio de Guadalupe

**56** / ¿Cómo acabó sus días el último rey nazarí de Granada, Boabdil?

**a:** Murió en el asalto final de las tropas castellanas a Granada, en 1492

**b:** Fue condenado por la Inquisición y quemado en la hoguera en 1497

**c:** Vivió hasta su muerte, en 1547, en el señorío que los Reyes Católicos le concedieron en las Alpujarras

**d:** Se instaló en Fez y falleció en 1533

**e:** Peregrinó a La Meca, donde vivió hasta su muerte, en 1502

Aún sobre Boabdil, ¿quién le dijo la frase «Llora como mujer lo que no supiste defender como hombre»?

**a:** Su madre, la sultana Aixa

**b:** Isabel la Católica

**c:** La frase en realidad la pronunció su padre, Muley Hacén, cuando Boabdil era joven

**d:** Su esposa, Morayma Athar

**57** / Tras la muerte de Isabel I, el rey Fernando de Aragón contrajo en 1505 unas segundas nupcias. ¿Cómo se llamaba su segunda esposa?

a: Urraca de Castilla

b: Violante de Hungría

c: Isabel II

d: Germana de Foix

e: Ana Bolena

**58** / En la imagen, tumba de Francisco Pizarro, el conquistador de Perú, en Lima. ¿Cuál fue la causa de su fallecimiento, en 1541?

a: Contrajo unas fiebres en la selva amazónica

b: Fue asesinado por un sobrino del inca Atahualpa

c: Fue asesinado por seguidores de su rival, Diego de Almagro

d: Murió anciano, en su casa de Lima

e: Su barco naufragó mientras remontaba el Amazonas

**59** / ¿Qué religioso fundó, en 1499, la Universidad de Alcalá de Henares?

a: Felipe el Hermoso

b: Francisco Jiménez de Cisneros

c: Antonio de Nebrija

d: Fernando II

e: Tomás de Torquemada

**MAPA 8 /** En este mapa están representadas algunas de las expediciones castellanas del siglo XVI por América del Sur. ¿A qué color corresponde el recorrido de cada conquistador?

33

| | |
|---|---|
| Marrón | Domingo Martínez de Irala |
| Marrón discontinuo | Francisco Pizarro (tercer y cuarto viajes) |
| Verde | Francisco Pizarro (segundo viaje) |
| Rojo | Francisco de Orellana |
| Rojo Discontinuo | Pedro de Valdivia |

¿Qué nombre tomó el virreinato que se creó en América del Sur en 1542?

- **a:** Virreinato del Perú
- **b:** Virreinato de Colombia
- **c:** Virreinato Inca
- **d:** Virreinato de Nueva Granada

**60** / Después de la conquista de Granada y la llegada a América, Castilla continuó su expansión por el norte de África. ¿Qué ciudad norteafricana fue conquistada en 1497?

**a:** Fez  **b:** Tánger  **c:** Casablanca  **d:** Ceuta  **e:** Melilla

**61** / Hernán Cortés se apoderó de Tenochtitlán, la capital azteca, en noviembre de 1519. Pero el 30 de junio de 1520 fue expulsado de la ciudad por los aztecas. ¿Qué nombre recibe este episodio?

**a:** Noche Blanca

**b:** Noche Más Larga

**c:** Noche Triste

**d:** Noche de los Cuchillos Largos

**e:** Noche Americana



**62** / ¿Qué organismo controlaba el monopolio comercial del reino de Castilla con América?

**a:** Concejo de Cádiz

**b:** Casa de Contratación de Sevilla

**c:** Cortes de Castilla

**d:** Consejo de Castilla

63 / ¿Cuál era el nombre del Imperio inca, cuya capital era la ciudad de la imagen, Cuzco?

a: Manco Cápac
c: Imperio del Titicaca
b: Tahuantisuyu
d: Huáscar Cuzco



64 / En 1561, Lope de Aguirre, que encabezaba una expedición en busca de El Dorado, se rebeló contra la autoridad de Felipe II. ¿Cómo se llama a los miembros de la expedición de Aguirre?

a: Trece de la Fama
b: Magníficos de Aguirre
c: Traidores de Aguirre
d: Marañones

65 / ¿Cuál es el orden cronológico correcto de los reyes de la casa de Austria, entre 1518 y 1700?

a: Carlos I, Carlos II, Felipe I, Felipe II, Felipe III
b: Carlos I, Felipe I, Carlos II, Felipe II, Felipe III
c: Felipe I, Carlos I, Felipe II, Felipe III; Carlos II
d: Carlos I, Felipe II, Felipe III, Felipe IV, Carlos II

**66 /** ¿Quiénes fueron los principales líderes de las revueltas de los comuneros de Castilla, en los inicios del reinado de Carlos I (1520-1522)?

a: María Pacheco y el Cura Merino

b: Juan de la Cosa y Antonio Navarro

c: Juan de Padilla, Juan Bravo y Francisco Maldonado

d: Íñigo Fernández de Velasco y Fadrique Enríquez

**67 /** La catedral de México se levantó, a partir de 1524, en el centro histórico de la antigua Tenochtitlán. ¿Cómo se llama el lago donde estaba situada la ciudad?

a: Texcoco | b: Tititaca | c: Laguna negra | d: Pocopatépetl

**MAPA 9** / En este mapa podemos observar los territorios heredados y conquistados en Europa por Carlos I de España (emperador Carlos Quinto desde 1519). En naranja claro, los heredados de los Reyes Católicos; en naranja oscuro, los heredados de su abuela, María de Borgoña; los rojos, sus conquistas, y los marrones otras posesiones suyas. ¿Y los grises, qué territorios son? **37**

**a:** Herencia de su abuelo Maximiliano I

**b:** Donación de Adriano de Utrecht, su preceptor

**c:** Obtenidos tras vencer a los húngaros

**d:** Obtenidos por adquisición a la Iglesia

De entre los muchos títulos del emperador Carlos, ¿Cuáles de estos tuvo?

**a:** Rey de Castilla, conde de Nápoles, señor de Navarra

**b:** Rey de Castilla, conde de Barcelona y archiduque de Austria

**c:** Rey de Castilla, duque del Tirol y señor de Vizcaya

**68** / Una de las victorias militares más importantes de Carlos I fue en la batalla de Mühlberg, en 1547, cerca de Leipzig, como podemos ver en el mapa 9. ¿A quién derrotó?

**a:** Príncipes protestantes alemanes de la Liga de Esmalcalda

**b:** Francia

**c:** Sublevados de las Provincias Unidas

**69** / En 1556, el emperador Carlos I abdica a favor de su hijo, Felipe II, y se retira al monasterio de Yuste (Cáceres), donde muere dos años después. ¿A qué orden religiosa pertenecía este monasterio?

**a:** San Benito

**b:** El Temple

**c:** Carmelitanos

**d:** Franciscanos

**e:** San Jerónimo



**70** / En 1568 estalló la revuelta de los moriscos de las Alpujarras, tras limitarse severamente sus costumbres y el uso de la lengua árabe. Durante la sublevación, Aben Humeya se autoproclamó rey de los moriscos. ¿Quién era en realidad?

**a:** Un noble de ascendencia musulmana

**b:** Un conocido bandolero

**c:** Era una figura mítica, no un personaje histórico

**d:** Un descendiente de Boabdil, último rey de Granada

**71** / Felipe II mandó construir el monasterio del Escorial, un edificio cuya planta en forma de parrilla se considera que es un recuerdo al martirio de san Lorenzo, ya que el día en que se celebra su festividad el rey se impuso en una importante batalla. ¿En cuál?

a: Villalar

b: San Quintín

c: Lepanto

d: Alcazarquivir

**72** / Un personaje que participó en la batalla de Lepanto, de 1571, perdió el movimiento de un brazo y fue conocido como «el manco de Lepanto». ¿De quién se trata?

a: Don Juan de Austria

b: Miguel de Cervantes

c: Andrea Doria

d: Alí Bajá

**73** / En 1588 la flota enviada por Felipe II a invadir Inglaterra fracasó, fundamentalmente por el mal estado de la mar. Esta flota es conocida por el nombre que le pusieron los ingleses, Armada Invencible, pero ¿cuál era el nombre que le dio Felipe II?

a: Grande Armée

b: Grande y Felicísima Armada

c: Armada Imperial

d: *Stella Maris*

e: Tercios Navales Españoles

**74** / En 1561, Felipe II trasladó la corte de Toledo a Madrid, desde entonces capital de España. Sin embargo, entre 1601 y 1606 Felipe III situó la capital en otra ciudad. ¿Cuál?

a: Valladolid

b: Segovia

c: Alcalá de Henares

d: Salamanca

e: Simancas

40 **75** / Un valido es un…

a: Decreto o autorización para comerciar con América

b: Tramo de cañada real; el nombre deriva de la voz de las ovejas

c: Soldado herido ya curado y útil para entrar de nuevo en combate

d: Alto cargo político, en especial durante el reinado de los últimos Austrias

e: Privilegio de carácter religioso, concedido por un obispo

**76** / Los primeros años del reinado de Felipe IV están marcados por la personalidad del Conde-Duque de Olivares. ¿Cuál era su nombre real?

a: Antonio Pérez

b: Pablo Rodríguez de Vivar

c: Antonio de Soto Real

d: Gaspar de Guzmán

e: Felipe Domingo Víctor de la Cruz

**77** / ¿Con que nombre se conoce el levantamiento popular que en 1640 dio inicio a la guerra de separación de Cataluña o de los Segadores?

a: Corpus de Sangre
b: Semana Trágica
c: La Gloriosa
d: Domingo Sangriento

**78** / ¿Con qué otro sobrenombre se conoce al rey de España Felipe IV el Grande, que aquí vemos en una estatua ecuestre?

a: El Prudente
b: El Rey Planeta
c: El Rey Sol
d: El Hechizado
e: El rey Luna

**79** / El cardenal J. E. Nithard fue un influyente personaje entre 1666 y 1669, durante la minoría de edad de Carlos II. ¿Qué decisión suya causó una gran polémica?

a: Prohibió el uso de capuchas a los nazarenos
b: Prohibió comulgar a las mujeres solteras
c: Prohibió las corridas de toros

**80** / El cuadro que vemos debajo de las respuestas es de Claudio Coello, pintor de Carlos II. ¿Con que sobrenombre era conocido este rey?

a: Bienamado
b: Hechizado
c: Deseado
d: Desechado
e: Encontrado

**81** / ¿Qué ciudad valenciana fue rebautizada como San Felipe en 1707, durante la guerra de Sucesión?

a: Alcoy
b: Vinaroz
c: Denia
d: Játiva

**82** / ¿Qué importante batalla naval tuvo lugar en Galicia durante la guerra de Sucesión, en 1702?

a: Batalla de Rande
b: Batalla de Arosa
c: Batalla de las islas Cíes
d: Batalla del pulpo

**83** / A raíz de su victoria en la guerra de Sucesión, Felipe V aprobó diversos decretos llamados de Nueva Planta, que uniformizaron el gobierno en todos sus reinos. ¿Qué territorios quedaron al margen y conservaron cortes propias?

a: Las Indias
b: Vizcaya, Guipúzcoa, Álava y Navarra
c: Aragón, Valencia y Sicilia

**84** / ¿Cuál es el orden cronológico correcto de los reyes de España de la dinastía de Borbón hasta la Guerra de Independencia?

a: Felipe V, Carlos III, Fernando VI, Luis I, Carlos IV, Fernando VII

b: Felipe V, Carlos III, Carlos IV, Fernando VI, Fernando VII, Luis I

c: Felipe V, Luis I, Felipe V, Fernando VI, Carlos III, Carlos IV, Fernando VII

d: Felipe V, Carlos IV, Carlos III, Fernando VI, Luis I, Fernando VII

e: Felipe V, Fernando VI, Fernando VII, Luis I, Carlos II, Carlos III

**85** / España cedió Gibraltar a Inglaterra al final de la guerra de Sucesión mediante el tratado de Utrecht de 1713. ¿Qué otro territorio cedió por ese tratado?

a: Baja Navarra

b: Rosellón

c: Menorca

d: Haití

e: Nápoles y las Dos Sicilias

**86** / Las obras del Palacio Real de Madrid se iniciaron en 1738. Pero, ¿quién fue el primer monarca que lo utilizó como residencia?

a: Felipe V

b: Carlos II

c: Carlos III

d: Fernando VII

e: Isabel II

**87 /** Luis I de Borbón, que solo estuvo siete meses en el trono, ha sido el rey más efímero de la historia de España. ¿Por qué duró tan poco?

**a:** Abdicó para casarse con una actriz

**b:** Falleció en un combate naval

**c:** Se suicidó

**d:** Fue envenenado en una intriga de palacio

**e:** Murió por una epidemia de viruela

**88 /** En 1746, Fernando VI, hijo de Felipe V y de su primera esposa, María Luisa de Saboya, ordenó el destierro de su madrastra, Isabel de Farnesio, para evitar que se inmiscuyera en los asuntos de la corte. ¿Adónde fue desterrada?

**a:** Parma, su ciudad natal

**b:** Real Palacio de La Granja de San Ildefonso

**c:** Convento de las Madres Clarisas de Salvatierra

**d:** París

**89 /** ¿Cuál es el origen de la moda en el vestir de los majos y majas que se hizo tan popular a finales del siglo XVIII?

**a:** Fue una imposición del decreto sobre indumentaria del marqués de Esquilache

**b:** Se inspira en un personaje de la ópera *Così fan tutte* de Mozart, de gran éxito en Madrid

**c:** Eran vestidos característicos de las clases populares de Madrid

**d:** Fue una moda importada por la aristocracia madrileña de la corte de Versalles

**e:** Se inspiraron en el traje de luces torero

**90** / ¿Qué circunstancia provocó la decadencia del esplendor de Sevilla en el siglo XVIII?

a: Una sequía que afectó al Guadalquivir y dejó inutilizado el puerto

b: Una epidemia de cólera

c: Un periodo de malas cosechas y revueltas populares que bloquearon el desarrollo de la ciudad

d: La pérdida del monopolio del comercio con América

**91** / Antes de ocupar el trono de España en 1759 como Carlos III, siendo rey de Nápoles y de las Dos Sicilias, Carlos de Borbón...

a: Publicó dos libros de poemas en italiano

b: Redactó unas importantes crónicas sobre la historia de Sicilia

c: Impulsó las excavaciones de Pompeya y Herculano

d: Coordinó la catalogación de la Biblioteca del Vaticano

e: Fue el mecenas de Giovanni Pergolesi, que le dedicó la ópera *La serva padrona*

**92** / En 1767 una Pragmática Sanción decretó la expulsión de España de los miembros de la Compañía de Jesús. El presidente del Consejo de Castilla en ese momento era el...

a: Conde de Aranda

b: Marqués de Esquilache

c: Conde de Floridablanca

d: Marqués de la Ensenada

**93 /** Pese a su sobrenombre de El Alcalde de Madrid, Carlos III llegó a huir de Madrid durante unos meses. ¿Qué acontecimiento provocó esta huida?

**a:** Las protestas por la aprobación del decreto de libre comercio

**b:** El motín de Esquilache

**c:** Una epidemia de peste que afectó a la capital

**d:** Una disputa con su esposa, Maria Amalia de Sajonia

**94 /** ¿Qué instituciones recibieron un gran apoyo durante el reinado de Carlos III?

**a:** Cofradías de pescadores

**b:** Sociedades Económicas de Amigos del País

**c:** Sociedades literarias

**d:** Logias masónicas



**95 /** ¿Qué arquitecto diseñó la Puerta de Alcalá?

**a:** Francesco Borromini

**b:** Manuel Pellegrini

**c:** Cesare Zavattini

**d:** Francesco Sabatini

**96** / ¿Qué personaje español de los siglos XVIII-XIX era conocido como el Príncipe de la Paz?

**a:** El príncipe Fernando de Borbón, futuro Fernando VII

**b:** Manuel Godoy

**c:** Francisco de Goya

**d:** Carlos IV

**e:** José Moñino, primer conde de Floridablanca

**97** / Goya pintó *La familia de Carlos IV* en el año 1800. ¿Qué distinción le había concedido el rey a Goya el año anterior?

**a:** Marqués de Fuendetodos

**b:** Pintor de cámara al servicio del rey

**c:** Embajador en la corte de Nápoles

**d:** Miembro del Consejo de Castilla



**98** / El Dos de Mayo de 1808 tuvo lugar en Madrid un alzamiento popular contra las tropas napoleónicas. ¿Qué hecho actuó como desencadenante de la revuelta?

**a:** La entrada en Madrid de José I

**b:** Una crisis de abastecimientos

**c:** La salida del Palacio Real de los hijos de Carlos IV

**d:** Una pelea con soldados franceses en un mercado

**99** / En los sitios de Zaragoza, en 1808, destacó una mujer, conocida como Agustina de Aragón. ¿En que población había nacido?

a: Ávila | b: Zaragoza | c: Calatayud | d: Jaca | e: Barcelona

**MAPA 10** / En este mapa de 1811, en época napoleónica, se observa una barrera ante la costa española y de gran parte de Europa. ¿De qué se trata?

a: Del bloqueo continental

b: De la zona de pesca prohibida

c: De la plataforma continental

d: De la zona exenta de pagos aduaneros

El mapa también señala que Cataluña formó parte del Imperio francés entre 1812 y 1814. ¿Cómo dividió el territorio la administración francesa?

a: En dos prefecturas

b: En tres regiones

c: En cuatro departamentos

d: En 114 cantones

**100** / En 1816, Argentina se declaraba formalmente independiente de España. ¿En qué ciudad fue proclamada la soberanía?

**a:** Córdoba

**b:** Buenos Aires

**c:** San Miguel de Tucumán

**d:** Ushuaia

**101** / ¿Qué pieza musical fue himno oficial español durante el Trienio Liberal (1820-1823)?

**a:** *Marcha de Granaderos*

**b:** *Ay, Carmela*

**c:** *Himno de Riego*

**d:** *El quinto regimiento*

**e:** *Puente de los Franceses*

**102** / El 1823 acabó el Trienio Liberal y se restableció el absolutismo. Para conseguirlo, Fernando VII pidió el apoyo de Francia, que envió un ejército llamado



**a:** Brigadas Absolutistas

**b:** Cien Mil Hijos de San Luis

**c:** Legión de Honor

**d:** Legión de la Flor de Lis

**103** / ¿Qué ley tuvo que abolir Fernando VII para que su hija Isabel pudiera sucederle en el trono?

**a:** Ley védica

**b:** Constitución de Cádiz

**c:** Ley sálica

**d:** Ley varónica

**MAPA 11** / El proceso de independencia de las colonias americanas se encuentra representado en este mapa. Existen flechas de dos colores: ¿qué significan?

**a:** El itinerario de Simón Bolívar (verde oscuro) y el de José de San Martín (verde claro)

**b:** El itinerario de Antonio José de Sucre (verde claro) y el de Simón Bolívar (verde oscuro)

**c:** El itinerario de José de San Martín (verde oscuro) y el de Simón Bolívar (verde claro)

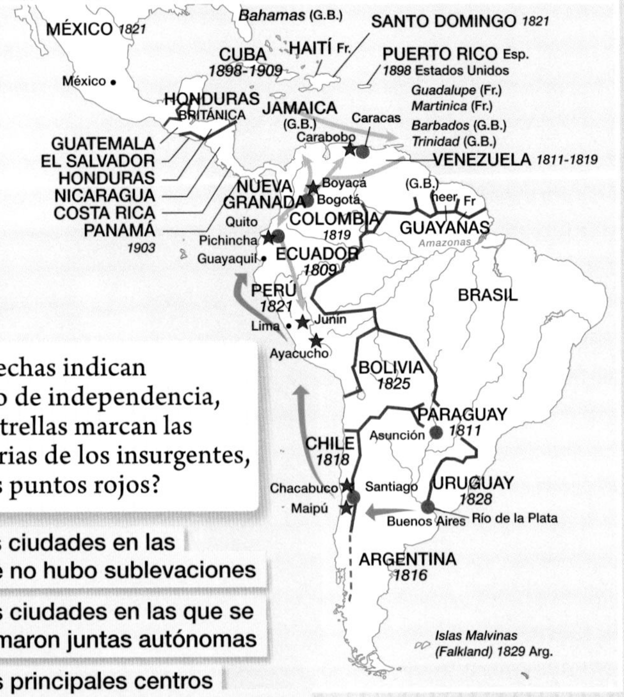


Las fechas indican el año de independencia, las estrellas marcan las victorias de los insurgentes, ¿y los puntos rojos?

**a:** Las ciudades en las que no hubo sublevaciones

**b:** Las ciudades en las que se formaron juntas autónomas

**c:** Los principales centros comerciales de América del Sur

**104** / En 1831, Mariana Pineda, una mujer granadina relacionada con los sectores liberales, fue condenada a muerte acusada de traición por haber confeccionado una bandera con el lema...

- a: Dios, patria, ley y fueros
- b: Tierra y libertad
- c: Viva la República
- d: Ley, libertad e igualdad

**105** / ¿Qué importante decreto elaboró el ministro Juan Álvarez Mendizábal en 1836?

- a: Reforma agraria
- b: Contrarreforma agraria
- c: Desamortización general
- d: Ley del suelo

**106** / ¿Dónde se construyó el primer ferrocarril del Reino de España?

- a: En Cuba
- b: En Perú
- c: En Cataluña
- d: En Asturias

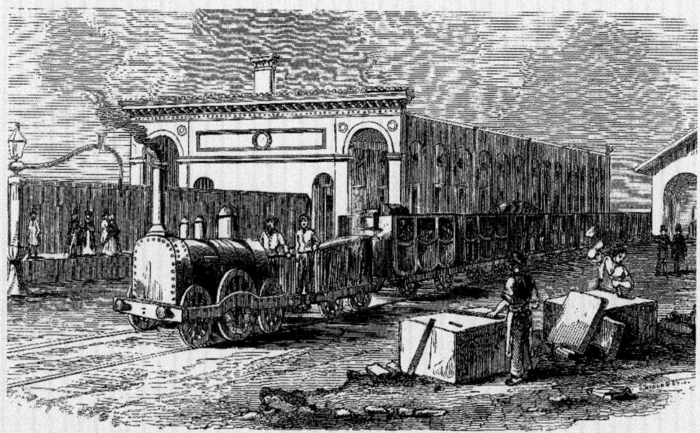



**07** / ¿Cómo se llamaba la fábrica de Barcelona que, en 1833, instaló la primera máquina de vapor de España?

- a: La España Industrial
- b: Bonaplata, Vilaregut, Rull y Cía.
- c: La Maquinista Terrestre y Marítima
- d: Hermanos Bosch, Grau y Cía.

**108** / ¿Qué dos generales protagonizaron el abrazo de Vergara?

a: Rafael Maroto y Baldomero Espartero

b: Ramón Cabrera y Rafael Maroto

c: Baldomero Espartero y Ramón Cabrera

d: Francisco Serrano y Tomás de Zumalacárregui

e: Ramón Cabrera y Francisco Serrano

**109** / En 1854 hubo una revuelta obrera contra las selfactinas. ¿Qué eran las selfactinas?

a: Nombre despectivo que se daba a algunos colegios religiosos

b: Máquinas de hilar mecánicas

c: Normas sobre moralidad que prohibían determinados bailes populares

d: Nombre con que se conocía a las poco salubres cloacas al aire libre de las ciudades

**110** / ¿Quién de estos personajes fue regente durante la minoría de edad de Isabel II?

a: Antonio María Claret

b: Baldomero Espartero

c: Francisco Serrano

d: Leopoldo O'Donnell

**111** / Un personaje de gran influencia sobre Isabel II fue la religiosa María Rafaela Quiroga, conocida también como la Monja de las Llagas. ¿Cuál era su nombre religioso?

**a:** Doña Inés

**b:** Sor Patrocinio

**c:** La monja Alférez

**d:** La monja rebelde

**112** / ¿Qué fábrica fue pionera en España por la creación de una guardería para los hijos de las trabajadoras?

**a:** Sociedad siderúrgica de Baracaldo Nuestra Señora del Carmen

**b:** Compañía General de Tabacos de Filipinas, de Barcelona

**c:** Fábrica de Tabacos de Madrid

**d:** Maquinista Terrestre y Marítima de Barcelona



**113** / ¿Qué general fue el protagonista del pronunciamiento militar de 1854 conocido como La Vicalvarada?

**a:** Leopoldo O'Donnell

**b:** Luis Vicálvaro

**c:** Francisco Serrano

**d:** Ramón Cabrera

**114** / ¿Qué significaban las siglas MZA?

**a:** Un partido político extraparlamentario

**b:** Un museo de ciencias naturales de Zaragoza

**c:** El apodo despectivo de los carlistas

**d:** Una compañía ferroviaria

**115** / En 1851 murió, como consecuencia de una cornada, Francisco Montes, el torero que hacia 1835 empezó a utilizar como sombrero la montera, que recibe este nombre en su honor. ¿Cuál era su nombre artístico?

a: Frascuelo
b: El Estudiante
c: Lagartijo
d: Paquiro

**116** / De entre las siguientes, ¿qué institución fue fundada en 1856?

a: Lotería Nacional
b: Agencia Tributaria
c: Banco de España
d: Consejo de Estado

**117** / ¿Qué inauguró Isabel II el 10 de julio de 1856?

a: Canal de Isabel II
b: Teatro de la Zarzuela
c: Antigua plaza de toros permanente del Parque del Retiro

54 **118** / Tras la Revolución de 1868, llamada «La Gloriosa», la reina Isabel II se exilió. ¿Dónde vivió hasta 1904, cuando falleció?

a: Ginebra
b: Biarritz
c: París
d: Roma

**119** / ¿Cómo se llamaba el ministro que decretó obligatoria la enseñanza elemental en España?

a: Claudio Moyano
b: Pascual Madoz
c: Francisco Giner de los Ríos

**120** / En 1870, Amadeo I fue elegido rey de España. Pero, ¿cómo se llamaba su esposa, es decir, la reina consorte?

- **a:** María de las Mercedes
- **b:** Luisa Fernanda
- **c:** María del Pozo
- **d:** Eugenia de Montijo
- **e:** María Cristina

**121** / ¿Cuál fue el más efímero de los presidentes de la Primera república española?

- **a:** Estanislao Figueras
- **b:** Francisco Pi y Margall
- **c:** Nicolás Salmerón
- **d:** Emilio Castelar



**122** / ¿Qué insecto provocó una grave crisis económica a finales del siglo XIX al destruir casi todas las plantaciones de viña de España?

- **a:** Mosca de la fruta
- **b:** Mosquito trigre
- **c:** Mosca del vinagre
- **d:** Oídio
- **e:** Filoxera

**123** / Alfonso de Borbón, futuro rey como Alfonso XII, hizo público desde el exilio un documento en el que expresaba su voluntad de aceptar un régimen parlamentario. ¿Cómo se llama este documento?

- **a:** Manifiesto de Sandhurst
- **b:** Manifiesto regeneracionista
- **c:** Manifiesto restaurador
- **d:** Manifiesto de Cornualles

**124** / Antonio Cánovas del Castillo fue el gran artífice del sistema político de la Restauración, que preveía la alternancia política entre el Partido Conservador que lideraba él mismo y el Partido Liberal que lideraba...

**a:** Práxedes Mateo Sagasta

**b:** Arsenio Martínez-Campos

**c:** Antonio Maura

**d:** Camilo García de Polavieja

**125** / Esta moneda de 1891 muestra al rey Alfonso XIII cuando era niño. Hijo póstumo de Alfonso XII nacido en 1886, en 1902 fue declarado mayor de edad. Hasta entonces, ¿quién fue regente?

**a:** Su hermana, María Teresa

**b:** Su madre, María Cristina

**c:** Su tía, María Isabel

**d:** Su esposa, Victoria Eugenia



**126** / ¿Cómo se llamaba el acorazado norteamericano cuyo hundimiento en La Habana provocó la guerra hispano-estadounidense y la pérdida de Cuba, Puerto Rico y Filipinas?

**a:** Vancouver

**b:** North Caroline

**c:** Maine

**d:** Illinois

**e:** Varadero

**127** / ¿Qué episodio histórico es conocido como la Semana Trágica?

**a:** Una revuelta popular que tuvo lugar en Barcelona en julio de 190

**b:** Una semana de huelga revolucionaria en España en agosto de 1917

**c:** La crisis de la Bolsa de Madrid, afectada por el crack de Wall Street de 1929

**d:** Los intensos debates en el Congreso después de la pérdida de Cuba

**128** / ¿Qué establecimiento inaugurado en 1912 en San Sebastián acogió durante la Primera Guerra Mundial a algunos de los personajes más célebres de Europa y convirtió la ciudad en un lugar emblemático de la Belle Époque?

**a:** El casino de San Sebastián

**b:** El Hotel María Cristina

**c:** El balneario

**129** / ¿Quién fue el impulsor de la compañía Barcelona Traction, Light and Power, que planificó la electrificación a gran escala de dicha ciudad?

**a:** Enric Prat de la Riba, presidente de la Mancomunidad de Cataluña

**b:** El ingeniero y empresario norteamericano Fred Stark Pearson

**c:** El mecenas y político Francesc Cambó

**130** / En 1923, durante el reinado de Alfonso XIII, Miguel Primo de Rivera (a la derecha, junto al rey, en la imagen)implantó una dictadura ¿Cómo se llamaba el partido político que creó para darle apoyo?

**a:** Unión Monárquica

**b:** Unidad Española

**c:** Unión Patriótica

**131** / En septiembre de 1925, el ejército español protagonizó una gran operación militar en el norte de África para contrarrestar la ofensiva de los rifeños dirigidos por Abd el-Krim. ¿Qué nombre recibió?

- a: Conquista de Perejil
- b: Desastre de Annual
- c: Operación Estrecho
- d: Desembarco de Alhucemas

**132** / ¿Qué militar fue el último presidente del gobierno del reinado de Alfonso XIII?

- a: Miguel Primo de Rivera
- b: José Sanjurjo
- c: Emilio Mola
- d: Juan Bautista Aznar
- e: Dámaso Berenguer

**133** / ¿Quién fue el encargado de hacer el discurso de proclamación de la Segunda República española, el 14 de abril de 1931?

- a: Manuel Azaña
- b: Francisco Largo Caballero
- c: Alejandro Lerroux
- d: Niceto Alcalá Zamora

**134** / Durante la Segunda República hubo diversas mujeres elegidas diputadas del Congreso. ¿Pero quién fue la primera ministra de la historia de España?

a: Margarita Nelken

b: Clara Campoamor

c: Victoria Kent

d: Dolores Ibarruri

e: Federica Montseny

**135** / ¿Qué político fue tres veces presidente del gobierno entre 1933 y 1936?

a: Alejandro Lerroux

b: José María Gil Robles

c: Ricardo Samper

d: Diego Martínez Barrio

**136** / En 1937 empezaron a emitirse pesetas hechas de una aleación de cobre y níquel. ¿Qué nombre popular recibió esta peseta?

a: Saeta rubia

b: Rubia

c: Dorada

d: Duro

e: Chavo

**137** / Después de protagonizar una fulgurante carrera militar en Marruecos, durante la Segunda República Francisco Franco fue designado por el gobierno para una importante misión:

a: Sofocar la proclamación del Estado Catalán, en octubre de 1934

b: Desactivar las ansias golpistas de algunos sectores del ejército

c: Sofocar la revolución de Asturias de octubre de 1934

d: Negociar un nuevo concordato con el Vaticano

e: Entrevistarse con Hitler en Hendaya

**138** / ¿Qué acontecimiento que se tenía que celebrar en Barcelona en julio de 1936 fue suspendido a causa del levantamiento militar?

- **a:** Una Exposición Iberoamericana
- **b:** La final de la Copa del Rey de fútbol
- **c:** La fiesta mayor de Barcelona
- **d:** La Olimpiada Popular

**139** / ¿Cómo se llama el avión que en julio de 1936 trasladó a Francisco Franco de las islas Canarias a Marruecos, para dirigir el alzamiento militar contra la República?

- **a:** Spirit of Saint Louis
- **b:** Azor
- **c:** Dragon Rapide
- **d:** Enterprise
- **e:** Santa María

**140** / En abril de 1937, Franco aprobó un decreto que unificaba...

- **a:** Guipúzcoa, Vizcaya, Álava y Navarra
- **b:** Falange Española de las JONS y el carlismo
- **c:** Separatismo y masonería
- **d:** Los archivos históricos de España

**141** / ¿Cómo se llamaba la escuadra aérea alemana que bombardeó la población vasca de Gernika el 27 de abril de 1937?

- **a:** Legión Águila
- **b:** Legión Gavilán
- **c:** Legión Paloma
- **d:** Legión Cóndor

**MAPA 12** / En este mapa se sitúan las principales ofensivas (franquistas en verde y republicanas en rojizo) de la Guerra Civil y las principales batallas que tuvieron lugar en 1937. Las batallas, ¿en qué mes de 1937 sucedieron?

Belchite | Jarama | Brunete | Guadalajara

febrero | agosto | julio | marzo

En 1938 se produjo otra de las grandes batallas de la guerra, la batalla del Ebro. ¿Cuándo tuvo lugar?

a: julio-noviembre
c: febrero-octubre
b: marzo-abril
d: enero-agosto

**142** / Desde Aragón, las tropas franquistas llegaron al Mediterráneo y cortaron en dos la zona republicana en abril de 1938. ¿Cuál fue la primera localidad costera que conquistaron?

- **a:** Oropesa del Mar
- **b:** Vinaroz
- **c:** Sagunto
- **d:** Cartagena

**143** / En 1942 se estrenó en España *Raza*, una película dirigida por José Luis Sáenz de Heredia con guión de Francisco Franco. ¿Con qué seudónimo aparece acreditado Franco en la película?

- **a:** Jaime de Andrade
- **b:** Federico Bahamonde
- **c:** Javier de Ayerbe
- **d:** Luys Sanfranco

**144 /** En 1945, las Cortes españolas aprobaron una de las leyes fundamentales del régimen de Franco, que regulaba los derechos y los deberes de los españoles. ¿Qué ley era?

**a:** Ley de los Principios Fundamentales del Movimento

**b:** Fuero del Trabajo

**c:** Ley para la Reforma Política

**d:** Fuero de los Españoles

**145 /** En los años de dificultades económicas de la posguerra, se hizo popular el gasógeno, un aparato que generaba energía mediante la quema de carbón. ¿Para qué se utilizó?

**a:** Para la calefacción en los hogares

**b:** Como alternativa a la gasolina de los coches

**c:** Como proyector en los cines

**146 /** ¿Qué político del régimen franquista era conocido como «el cuñadísimo»?

**a:** Dionisio Ridruejo

**b:** Blas Piñar

**c:** José María de Areilza

**d:** Ramón Serrano Suñer

**e:** Manuel Carrero Blanco

**f:** Ricardo de la Cierva

**147** / ¿Qué fue la División Azul?

a: La sección femenina de la Falange Española, que utilizaba una camisa de color azul

b: Una unidad militar de voluntarios que luchó en Rusia al lado de la Alemania nazi

c: La denominación de los asientos que ocupaban los ministros en las Cortes Españolas

d: El nombre popular del equipo de atletismo español que participó en los Juegos Olímpicos de Londres de 1948

**148** / En agosto de 1939, el régimen de Franco creó las cartillas de racionamiento para regular la distribución de alimentos básicos, como el pan o la carne. ¿En qué año fueron suprimidas?

64

CARNE B Nº 220234
PRIMER SEMESTRE 1949
BOLETIN DE INSCRIPCIÓN de (1)
Establecimiento n.º distrito
calle de n.º
COLECCION DE CUPONES DE RACIONAMIENTO
correspondiente a D.

a: 1943

b: 1946

c: 1952

d: 1960

e: 1975

**149** / El 9 diciembre de 1946 tuvo lugar en la Plaza de Oriente de Madrid una multitudinaria manifestación de adhesión a Franco. ¿Qué organismo fue el centro de las iras de los manifestantes?

a: Embajada de Estados Unidos

b: Sede del nuncio del Vaticano

c: Organización de las Naciones Unidas

d: Embajada de Francia

e: Bolsa de Madrid

**150** / ¿Qué hecho desencadenó que Franco empezara a plantearse su sucesión, para la que finalmente designó al príncipe Juan Carlos de Borbón?

**a:** La mala relación con su yerno, el marqués de Villaverde

**b:** Un atentado fustrado contra su persona

**c:** El impacto que le provocó el asesinato de Kennedy

**d:** Un accidente de caza

**e:** La muerte de Charles de Gaulle

**151** / Este billete estuvo en circulación durante los años en los que se consolidó la sociedad de consumo. Una muestra de ello fue el empuje de la industria automovilística: el 27 de junio de 1957 salió de una factoría de Barcelona el primer vehículo de un modelo muy popular. ¿De qué modelo se trata?

**a:** Biscuter

**b:** Seat 600

**c:** Pegaso Z-201

**d:** Seat 1500

**e:** Impala

**152** / ¿Qué ministro impulsó la campaña con el lema «Spain is different» para promocionar la llegada de turistas?

**a:** Miguel Villar Palasí

**b:** Luis Carrero Blanco

**c:** Manuel Fraga Iribarne

**d:** Fabián Estapé

**e:** Rodolfo Martín Villa

**153** / En 1956, la población de la imagen aprobó un plan urbanístico con la finalidad de transformarse en una ciudad turística ¿De qué población se trata?

a: Marbella
b: Benidorm
c: Torrevieja
d: Torremolinos
e: Benalmádena

**154** / En 1963 apareció el primer número de una revista que en poco tiempo se convertiría en una plataforma de divulgación de los ideales democráticos. ¿De qué revista hablamos?

a: *Cuadernos para el Diálogo*
b: *La Codorniz*
c: *Por Favor*
d: *El Jueves*
e: *Hermano Lobo*
f: *Cambio 16*

**155** / En 1966 se produjo una alarma nuclear en la localidad almeriense de Palomares. ¿Qué incidente fue el origen del problema?

**a:** La localización de una bomba de hidrógeno de origen desconocido cerca de la costa

**b:** Un accidente de un tren que transportaba residuos nucleares

**c:** El choque de dos aviones militares norteamericanos, a consecuencia del cual cayó una bomba al mar

**156** / Don Juan de Borbón, padre del rey Juan Carlos, renunció al trono para facilitar la legitimidad de los derechos históricos de su hijo. ¿Cuándo se llevó a cabo esta renuncia?

**a:** Julio de 1969, cuando Juan Carlos fue proclamado heredero al trono por las cortes franquistas

**b:** Julio de 1974, cuando Juan Carlos asumió por primera vez, de forma interina, el cargo de jefe del estado por enfermedad de Franco

**c:** Noviembre de 1975, cuando Juan Carlos fue coronado rey

**d:** Mayo de 1977, en una pequeña ceremonia familiar en el palacio de la Zarzuela

**157** / ¿Qué fue la Marcha Verde?

a: Una movilización organizada por Marruecos para ocupar el Sahara Español

b: La primera organización ecologista fundada en España

c: Una protesta de los médicos y enfermeras contra una ley de reforma de la Seguridad Social

d: Una campaña de promoción de los productos españoles organizada por el Ministerio de Agricultura

**158** / ¿Quién fue el encargado de informar oficialmente y en público del fallecimiento de Francisco Franco?

a: Carmen Polo, su viuda

b: Luis María Ansón, subdirector del diario *ABC*

c: Carlos Arias Navarro, presidente del gobierno

d: José Luis Uribarri, periodista de Televisión Española

e: Torcuato Fernández Miranda, presidente de las Cortes



**159** / En marzo de 1976, dos de las principales organizaciones de la oposición surgidas hacia el final del franquismo, la Junta Democrática de España y la Plataforma de Convergencia Democrática, se fusionaron en la Coordinadora Democrática. ¿Con qué nombre se la conoció popularmente?

a: El Búnker

b: La Platajunta

c: La Movida

d: La Coordemo

**160** / ¿Qué cargo tuvo Adolfo Suárez en los años finales del franquismo?

a: Ministro de Información y Turismo

b: Ministro Secretario General del Movimiento

c: Director general de Televisión Española

d: Presidente de las Cortes

**161** / ¿Qué festividad se celebraba el día en que fue legalizado el Partido Comunista de España, en el año 1977?

a: Navidad
b: Sábado Santo
c: Día de la Hispanidad
d: San Fermín
e: Los Santos Inocentes

**162** / El 25 de octubre de 1977, en un clima de inestabilidad política y económica, el gobierno, los principales partidos, las organizaciones patronales y los sindicatos mayoritarios firmaron un acuerdo para superar la crisis. Se llamó…

a: Acuerdo de Ferraz
b: Contubernio de Génova
c: Pacto del Pardo
d: Pactos de la Moncloa
e: Abrazo de la Zarzuela

**163** / ¿Qué se votaba cuando el teniente coronel Antonio Tejero, el 23 de febrero de 1981, entró en el Congreso con la intención de dar un golpe de estado?



a: La ley de armonización del proceso autonómico (LOAPA)
b: La investidura de Leopoldo Calvo Sotelo como presidente del gobierno
c: Los estatutos de autonomía del País Vasco y Cataluña
d: Una moción de censura contra el presidente Adolfo Suárez
e: Una decreto de reforma de la Guardia Civil

**164** / El 10 septiembre de 1981 regresó a España el *Guernica* de Picasso. ¿En qué museo estuvo expuesto hasta ese momento?

a: Louvre | b: Tate Gallery | c: MoMA | d: Hermitage

**165** / En octubre de 1982, un accidente provocó decenas de muertes. ¿Qué accidente?

a: Explotó un camión cargado de propileno en el camping de los Alfaques (Tarragona)

b: Una inundación tras la rotura de la presa de Tous (Valencia)

c: Una riada inundó un camping de Biescas (Huesca)

d: La colisión de dos aviones en el aeropuerto de Los Rodeos (Santa Cruz de Tenerife)

e: Un vertido de residuos tóxicos en la mina de Aznalcóllar (Huelva)



**166** / En las elecciones del 28 de octubre de 1982, el PSOE, liderado por Felipe González, logró una muy holgada mayoría absoluta. De los 350 diputados del congreso ¿Cuántos obtuvo?

a: 213 | b: 202 | c: 197 | d: 190

**167** / ¿Qué hecho histórico se produjo en España el 12 de junio de 1985?

a: El referéndum de adhesión de España a la OTAN

b: La legalización del divorcio

c: La firma del acta de adhesión de España a la CEE

d: La legalización del aborto

**168 /** ¿Quién fue el ministro de Asuntos Exteriores que en 1985 negoció la apertura de la frontera con Gibraltar?

a: Fernando Morán
c: Javier Solana
b: Narcís Serra
d: Ernest Lluch

**169 /** ¿Cómo se llamaba el complejo donde se celebró la Expo 92 de Sevilla?

a: Isla Margarita
b: Isla de la Tortuga
c: Isla de la Cartuja
d: Isla Mágica



**170 /** ¿Quién era el alcalde de Barcelona durante la celebración de los Juegos Olímpicos de 1992?

a: Joan Clos
c: Miquel Roca Junyent
b: Jordi Hereu
d: Pasqual Maragall

**171** / La primera línea de AVE que se puso en marcha en España fue la que unía Madrid y Sevilla, en 1992. Pero, ¿cuál fue la segunda?

- a: Madrid-Zaragoza-Lérida
- b: Madrid-Valencia
- c: Madrid-Valladolid
- d: Bilbao-La Coruña
- e: Barcelona-Valencia
- f: Madrid-Albacete

**172** / En 1994, el director general de la Guardia Civil huyó del país tras ser implicado en un escándalo de corrupción. ¿Cómo se llamaba?

- a: Jaime Milans del Bosch
- b: Mario Conde
- c: Javier de la Rosa
- d: José María Sala
- e: Luis Roldán

**173** / ¿Cuál de estos cargos políticos había ocupado José María Aznar antes de ser elegido presidente del gobierno español en 1996?

- a: Procurador en Cortes
- b: Presidente de Castilla-La Mancha
- c: Miembro del Tribunal Constitucional
- d: Presidente de Castilla y León

**174** / ¿Quién fue el candidato socialista en las elecciones legislativas del año 2000, que ganó por mayoría absoluta el Partido Popular de José María Aznar?

- a: Josep Borrell
- b: Manuel Chaves
- c: Alfonso Guerra
- d: Joaquín Almunia

**175 /** El día 1 de enero de 2002 entró en circulación el euro, en sustitución de la peseta. ¿Desde cuándo la peseta era la moneda española?

a: 1939 b: 1714 c: 1814 d: 1868

**176 /** ¿En qué circunstancia se utilizó el nombre clave «operación Romeo-Sierra»?

a: Un intento de golpe de Estado

b: El noviazgo entre Felipe de Borbón y la entonces periodista Leticia Ortiz

c: La operación de ocupación del islote de Perejil

d: El operativo montado para detener al exdirector de la guardia civil, Luis Roldán

**177 /** El 11 de marzo de 2004, pocos días antes de las elecciones generales, la red de cercanías de Madrid sufrió un atentado terrorista de gran magnitud. ¿Dónde se colocó un monumento en recuerdo de las víctimas?



a: Estación de Atocha

b: Estación del Tío Raimundo

c: Puerta del Sol

d: Antigua estación de Delicias

e: Paseo de Castellana

**178 /** ¿Qué partidos suscribieron el gobierno tripartito catalán a finales de 2003?

a: PSC, UDC y CDC

b: ERC, ICV y CDC

c: PSC, ERC e ICV

d: CDC, PSC y PP

**179** / En 2004, el primer gobierno del socialista de José Luis Rodríguez Zapatero contempló la paridad entre hombres y mujeres por primera vez en España. ¿Cuál de estas mujeres no formó parte de ese gobierno?

a: Magdalena Álvarez

b: Cristina Narbona

c: Trinidad Jiménez

d: Elena Espinosa

e: María Teresa Fernández de la Vega



**180** / Desde la restauración de la democracia hasta 2011, se han celebrado 11 elecciones generales. ¿Cómo se han repartido las victorias electorales?

a: PSOE 6 victorias, PP/AP 3 victorias, UCD 2 victorias

b: PSOE 6 victorias, UCD 3 victorias, PP/AP 2 victorias

c: PSOE 4 victorias, PP/AP 4 victorias, UCD 3 victorias

d: PP/AP 5 victorias, PSOE 4 victorias, UCD 2 victorias

**181** / En las elecciones de 2011 venció el Partido Popular. Su líder, Mariano Rajoy, elegido presidente del gobierno, ocupó diversos ministerios en gobiernos populares anteriores (1996-2003), entre ellos...

a: Fomento y Asuntos Exteriores

b: Interior y Defensa

c: Interior y Presidencia

d: Industria y Administraciones Públicas

# SOLUCIONES

**1 b)** ***Homo antecessor*****.** Su antigüedad le convierte en uno de los primeros homínidos encontrados en Europa.

**2 d) Paleolítico.** En esta etapa de la prehistoria, las actividades básicas de las comunidades humanas son la caza y la recolección. Es anterior al neolítico, caracterizado por la sedentarización y la práctica agrícola y ganadera.

**3 b) En el sureste peninsular.** La civilización de Los Millares, con un alto grado de desarrollo urbano, se corresponde con la edad del cobre, en los inicios de la metalurgia, y sus sucesora, El Argar, con la edad del bronce.

**4 d) Naveta des Tudons.** La cultura talayótica recibe su nombre de los talayots, unas torres o talayas construidas con grandes piedras.

**5 a) Castros.** Construidos especialmente entre los siglos VI y II a. J.C., carecen de calles y su rasgo más característico es la forma circular de las casas. 

**6 a) Vetones.** Fueron un pueblo celta que vivió en un área situada entre los ríos Duero y Tajo, entre los siglos V y I a. J.C.

**Mapa 1 b) Fenicia.** El reino de Tartessos fue conocido por su riqueza minera (oro, plata, estaño) y comerció especialmente con los fenicios.

Correspondencia entre denominaciones de factorías fenicias y ciudades actuales: Gadir/Cádiz; Sexi/Almuñécar; Rusadir/Melilla; Malaka/Málaga; Ebusus/Ibiza; Abdera/Adra; Onuba/Huelva; Abyla/Ceuta.

**7 c) Dama de Elche.** Se trata de una de las más conocidas esculturas de época ibera (es del siglo IV a. J.C.), con influencia cartaginesa. Se encontró cerca de Elche.

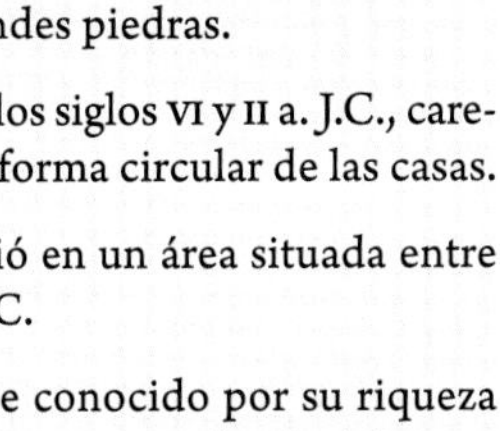

**8 a) Fenicia.** Este tipo de escritura fue adoptado por los iberos y los griegos, y de hecho se conoce más por los pueblos que lo adoptaron que por textos originales fenicios.

**9 a) Emporion y Rhode.** Los griegos, procedentes de Massalia (Marsella), se instalaron en los siglos VI-IV a. J.C. en el golfo de Rosas, con el objetivo de comerciar con los iberos.

**10 b) Elefantes.** Aníbal se enfrentó a los romanos durante la Segunda Guerra Púnica. En su colosal ejército, que partió de Carthago Nova (Cartagena) y atravesó los Pirineos y los Alpes, utilizó elefantes, aunque la mayoría fallecieron antes de llegar a Italia.

**11 d) Puente la Reina de Navarra.** Se trata de un puente medieval construido en el siglo XI sobre el río Arga, en un enclave del Camino de Santiago.

**12 c)** y **d)** Se trataba de un cuerpo consultivo formado por indígenas y romanos que asesoraba al gobernador en temas relacionados con la justicia. El nombre se aplicó también a las ciudades en las que se reunía.

**13 b) Eran elementos decorativos que indicaban el nivel económico de sus propietarios.** Los mosaicos fueron muy abundantes en todo el Imperio romano, y la mayoría se han encontrado en casas particulares.



**14 b) Alicante, Mataró y La Coruña.**

**Mapa 2 a) Gades y Barcino.** La vía Augusta seguía la costa mediterránea hasta Carthago Nova, desde donde pasaba por el interior hasta Gades.

**b) Vía Domitia.** Esta vía recorría la Galia Narbonense, entre los Pirineos y los Alpes.

**15 b) Tarraconense, Lusitania y Bética.** Anteriormente, Hispania se dividía en dos provincias, Ulterior y Citerior. La división de 27 a. J.C. se llevó a cabo una vez completada la conquista toda la península.

**16 e) Trajano.** Nacido en Italica (cerca de Hispalis), gobernó entre 98 y 117 d. J.C. y fue el primer emperador no nacido en la península Italiana.

**17 a) Suevos, vándalos, visigodos y alanos.** Los pueblos germánicos o bárbaros se asentaron en la península (suevos, visigodos) o la atravesaron para instalarse en el norte de África. En 476, el Imperio romano sucumbió.

**Mapa 3** **c) Bizantinos.** El Imperio romano de Oriente o Imperio bizantino, intentó, bajo el emperador Justiniano (527-565), recomponer el Imperio romano. Pero los visigodos lograron imponerse en la península.

**b) Villafranca Montes de Oca.** Desde Auca, de origen romano, los visigodos iniciaron sus incursiones en territorio cántabro y vascón.

**18 b) Toledo.** Se celebraron en esta ciudad, capital del reino, importantes concilios, que legalizaron las diferentes sucesiones al trono.

**Mapa 4** **b) Tariq ibn Ziyad (roja) y Musa ibn Nusayr (verde).** Musa fue gobernador del califa Omeya en el norte de África y Tariq su lugarteniente.

**b) Guadalete.** En Covadonga los astures, liderados por don Pelayo, vencieron a los musulmanes, y en Roncesvalles el ejército de Carlomagno fue derrotado por los vascones cuando intentaba crear una zona de frontera o marca.

**19 b) Al-Qama.** Tras la derrota, los musulmanes, que gobernaban en la cordillera Cantábrica de la mano de Munuza (Otman ben Neza) se retiraron hacia el sur.



**20 e) Abd-al-Rahman I** (Abderramán I). Iniciada en el siglo VIII, se hicieron diversas ampliaciones y es uno de los monumentos más importantes de la arquitectura hispano-musulmana.

**21 b) Cantar de Roldán.** Poema épico francés del siglo XI (La Chanson de Roland), convirtió en legendarios los hechos históricos y transformó los vascones que se enfrentaron a los francos de Carlomagno en musulmanes.

**22 b) Vikingo.** Antes de Sevilla, la flota había atacado Asturias, Galicia y otros territorios de la costa atlántica de la península. Fueron expulsados de Sevilla por las tropas de Abd-al-Rahman III.

**23 c) Hisham III.** En el año 1027 fue proclamado séptimo califa omeya de Córdoba, aunque no pudo entrar en la ciudad hasta dos años después. Fue derrocado por un levantamiento popular.

**24 c) Denia.** Creada en 1010, la taifa de Denia, en 1015, se hizo con el poder sobre Cerdeña, que perdió al año siguiente, y las Baleares, que controló hasta la desaparición de la taifa, en 1076.

**25 b) Reino de Pamplona,** también denominado Pamplona-Nájera. El reino de Pamplona existió entre 824 y 1162, y es el precedente del reino de Navarra.

**26 b) Mozárabes.** Los muladíes eran cristianos convertidos al islam, los mudéjares era musulmanes que vivían en territorio cristiano y los moriscos eran musulmanes convertidos al cristianismo, de manera voluntaria o forzosa.

**27 c) 1000.** Las escribió un monje del monasterio de San Millán de la Cogolla en el margen de un códice latino para aclarar alguno de sus pasajes. También contiene glosas en vasco.

**Mapa 5 b) Almorávide.** Los almorávides, procedentes de unas tierras próximas al río Senegal, conquistaron el norte de África y Al-Andalus.



**c) Sagrajas, Aledo y Consuegra.** Los almorávides vencieron a los cristianos en estas tres batallas, pero fueron derrotados por el Cid en Quart y Bairén.

**28 b) Una familia muladí que dominó la zona del valle del Ebro.** Descendía de un noble visigodo llamado Casio y gobernaron en el valle del Ebro entre los siglos VII y X.

**29 a) Ramón Berenguer III.** Incorporó al condado de Barcelona los condados de Besalú y Cerdaña y se convirtió en conde de Provenza por matrimonio.

**30 a) Alfonso VI el Bravo.** En el siglo X, Mayrit (o Magrit) había sido tomada por Ramiro II de León, pero no pasó definitivamente a manos cristianas hasta el año 1083.

**31 c) Codex Calixtinus.** Escrito en el siglo XII, relata la leyenda hagiográfica de Santiago y describe el Camino de Santiago con toda clase de avisos útiles a los peregrinos.

**32 c) Tributos que los reinos cristianos obligaban a pagar a los reinos de taifas musulmanes.** Se pagaban en reconocimiento del dominio temporal de los reinos cristianos, para evitar ser atacados, o como indemnizaciones de guerra.

**33 c) Románico.** El templo fue construido en el siglo XI como monasterio benedictino, pero posteriormente se convirtió en una colegiata regida por los monjes de San Agustín.

**34 b) Sí, reinó en el siglo XII.** Fue reina de León, y también de Castilla, entre 1109 y 1126. Fue la última de la dinastía Jimena, continuada por la de Borgoña y, en el siglo XIV, por la de Trastámara.

**35 d) Fernando,** conocido como Fernando de la Cerda. Falleció poco antes de cumplir los 20 años, en 1275, dejando dos hijos, los «infantes de la Cerda», pero finalmente su hermano Sancho sucedió a Alfonso X.



**36 c) Creó un nuevo reino.** Los nobles aragoneses de su ejército quisieron que los territorios ocupados fuesen una pura extensión de Aragón, pero Jaime I creó instituciones propias y por lo tanto un nuevo reino.

**37 d) La orden de Calatrava.** La orden había sido fundada en 1158 en la fortaleza de Calatrava (Toledo). Después de las Navas de Tolosa, la orden levantó una nueva fortaleza, Calatrava la Nueva (Ciudad Real).

**38 d) Murió en la batalla de Muret luchando al lado de los albigenses** o cátaros en 1213. Fue aliado de los condes de Tolosa, que habían buscado su protección.

**Mapa 6 c) Jaime I de Aragón (azul) y Fernando III de Castilla (roja).** Jaime I conquistó Valencia y Mallorca, y Fernando III Córdoba, Sevilla, Jaén y Murcia.

**b) Musulmanes (Alarcos) y cristianos (Navas de Tolosa).** Los almohades, llegados del norte de África, detienen la ofensiva cristiana al vencer en Alarcos, pero son derrotados en las Navas de Tolosa.

**39 b) Alfonso X el Sabio.** Fundada en 1273, la Mesta agrupaba a los grandes ganaderos de León y Castilla, a los que otorgaron amplios privilegios.

**40 c) Son la misma persona: sus partidarios le llamaban el Justiciero y sus detractores, el Cruel.** Fue rey de Castilla entre 1350 y 1369, y mantuvo una guera civil que le enfrentó con la nobleza.

**41 b) Inés de Castro.** Fue una dama gallega (1320-1355), amante del futuro rey de Portugal Pedro I, con quien se casó en secreto y tuvo cuatro hijos, entre ellos Juan de Portugal.

**42 a) Juana II.** Casada con Felipe de Évreux, ambos fueron proclamados reyes de Navarra en 1328, pero se trasladaron a Francia, y ya nunca regresaron a Navarra, donde la peste negra afectó poco, a diferencia de gran parte de Europa.

**43 b) Bertrand du Guesclin.** Lo dijo después de ayudar a Enrique de Trastámara a matar a su hermastaro, el rey Pedro I el Cruel de Castilla. Enrique se convirtió en el primer rey de la dinastía Trastámara en 1369.



**44 d) Solamente Alá vence.** Mohamed Ben Nazar (o Ben Al-Hamar), primer rey nazarí de Granada, fue recibido en 1238 con el grito de «Bienvenido el vencedor por la gracia de Alá».

**45 a) Pedro el Ceremonioso (1336-1387).** La Diputación del General (Generalidad) era una comisión que se dedicaba a recaudar impuestos y a ejecutar los acuerdos de las cortes. A partir de 1359 en Cataluña y 1364 en Aragón fue un organismo estable de gobierno.

**46 b) Compromiso de Caspe.** Se designaron tres representantes por cada uno de los estados de la corona (Aragón, Cataluña y Valencia) para que, reunidos en Caspe, eligieran un nuevo monarca.

**47 a) Benito XIII.** Accedió al papado en 1394, a la muerte del papa Clemente VII, cuya elección desencadenó el Cisma de Occidente. Hubo entonces dos papas, uno en Roma y otro en Aviñón (el Papa Luna vivió allí hasta 1403).

**48 d) Álvaro de Luna.** Acumuló incluso más poder que el propio rey y se enfrentó a la nobleza. A raíz de una intriga de palacio, cayó en desgracia y fue ejecutado.

**49 b) Isabel I la Católica.** Acudió a él varias veces y allí se guarda una copia de su testamento.

**50 d) Jean de Béthencourt.** Navegante, corsario y comerciante, obtuvo el derecho de conquista de las Canarias de Enrique III de Castilla.

**51 b) Valladolid (1469).** Su unión matrimonial supuso que los diferentes territorios de la península (excepto Portugal, Granada hasta 1492 y Navarra hasta 1512) pasaban a tener los mismos reyes, aunque sus leyes e instituciones continuaron siendo diferentes.

**52 e) Tomás de Torquemada.** Miembro de la orden de los dominicos, fue inquisidor general en la época de los Reyes Católicos, y se le atribuye la expulsión de los judíos en 1492.

**53 b) Pinta, Niña y Santa María.** Partieron de Palos de Moguer y llegaron a una isla de las Bahamas en octubre de 1492. Rodriga, Prieta y San Juan también fueron carabelas reales, pero del segundo viaje.



**Mapa 7** El rojo es del segundo viaje (1493-1496), el naranja del tercero (1498) y el amarillo del cuarto (1502-1504)

**c) Vasco Núñez de Balboa.** Divisó el océano Pacífico en 1513, y lo denominó Mar del Sur.

**54 d) Alejandro VI.** De nombre Rodrigo de Borja, fue uno de los papas de la familia valenciana de los Borja, italianizados como Borgia.

**55 c)** En la **Capilla Real de Granada.** Inicialmente fue enterrada en el convento de San Francisco de Granada, pero posteriormente fue trasladada a un sepulcro que mandó construir Carlos I.

**56** La solución de la primera pregunta es **d) Se instaló en Fez y falleció en 1533.** Y de la segunda: **a) Su madre, la sultana Aixa.** Según la leyenda, pronunció esta frase cuando Boabdil, al salir de Granada, lloró al volverse para ver la ciudad por última vez.

**57 d) Germana de Foix.** De este matrimonio nació Juan de Aragón y de Foix, que murió poco después de nacer. De haber sobrevivido, habría heredado la Corona de Aragón, lo que habría impedido la unión dinástica con Castilla.

**58 c) Fue asesinado por seguidores de su rival, Diego de Almagro.** Pese a que Pizarro logró derrotar a Almagro en 1538, sus partidarios continaron la lucha y le dieron muerte tres años después.

**59 b) Francisco Jiménez de Cisneros.** Miembro de la orden franciscana, fue arzobispo de Toledo, cardenal e Inquisidor General del reino, pero también un destacado humanista.

## Mapa 8

| | |
|---|---|
| Domingo Martínez de Irala | Rojo discontinuo |
| Francisco Pizarro (segundo viaje) | Marrón |
| Francisco Pizarro (tercer y cuarto viajes) | Marrón discontinuo |
| Francisco de Orellana | Verde |
| Pedro de Valdivia | Rojo |



**a) Virreinato del Perú.** El virrey gobernaba en nombre de la corona española un inmenso territorio, del que se escindieron dos nuevos virreinatos en el siglo XVIII: el de Nueva Granada y el del Río de la Plata.

**60 e) Melilla.** Conquistada por Pedro Estopiñán, fue incorporada como dominio personal del duque de Medina Sidonia, hasta que en 1556 pasó a soberanía real.

**61 c) Noche Triste.** El ataque de los aztecas fue una respuesta a la política represiva del gobernador Pedro Alvarado. Cortés recuperaría el control de Tenochtitlán un año después.

**62 b) Casa de Contratación de Sevilla.** La Casa de Contratación fue creada en 1503 para regular el comercio con América. En 1717 se trasladó a Cádiz y desapareció después del decreto de libre comercio de 1778.

**63 b) Tahuantisuyu.** El nombre deriva de la expresión quechua Tawantin Suyu, las cuatro divisiones, por los cuatro territorios que se fusionaron para crear el imperio.

**64 d) Marañones.** Recibieron este nombre porque la expedición seguía el curso del río Marañón, en la selva amazónica.

**65 d) Carlos I, Felipe II, Felipe III, Felipe IV, Carlos II.** La dinastía de la casa de Austria comienza con Carlos I, nieto de los Reyes Católicos, que también fue emperador del Sacro Imperio Romano Germánico (Carlos Quinto).

**66 c) Juan de Padilla, Juan Bravo y Francisco Maldonado.** La revuelta de las ciudades castellanas tuvo un componente antiseñorial, a pesar de que estos cabecillas eran de la pequeña nobleza. Tras la derrota en la batalla de Villalar (1521), fueron ejecutados.

**67 a) Texcoco.** El centro de Tenochtitlán se levantaba sobre una isla del lago Texcoco, y se conectaba con el resto de la ciudad mediante tres grandes calzadas y por embarcaciones.

**Mapa 9 a) Herencia de su abuelo Maximiliano I.** Emperador del Sacro Imperio Romano Germánico, de él heredó los estados de los Habsburgo: Austria y Tirol. Su hijo Felipe se casó con Juana la Loca de Castilla, padres de Carlos.



**b) Rey de Castilla, conde de Barcelona y archiduque de Austria.** Además, entre otros, tuvo los siguientes títulos: rey de Aragón, Valencia, Navarra, Nápoles, Sicilia, Jerusalén; Señor de Vizcaya; etc.

**68 a) Príncipes protestantes alemanes de la Liga de Esmalcalda.** La Liga de Esmalcalda fue creada en 1531 para defender los derechos de los protestantes.

**69 e) San Jerónimo.** La orden, aprobada por el papa Gregorio IX en 1373 en Aviñón, solo se implantó en la península Ibérica.

**70 a) Un noble de ascendencia musulmana.** Su nombre castellano era Fernando de Valor y Córdoba y murió asesinado en plena rebelión, en 1569. Descendía de una familia que con la rendición de Granada, en 1492, y su conversión al catolicismo recibió un señorío.

**71 b) San Quintín.** Fue la batalla decisiva de los enfrentamientos con Francia por el control de Italia. Tras la victoria, España se convirtió en la principal potencia europea.

**72 b) Miguel de Cervantes.** El Imperio otomano, musulmán, dominaba el Mediterráneo oriental y se extendía hacia el centro de Europa. Fue vencido por una coalición de estados católicos llamada Liga Santa.

**73 b) Grande y Felicísima Armada.** La flota inglesa logró desviar a la Armada Invencible de sus objetivos, pero además la flota española tuvo que soportar terribles tempestades.

**74 a) Valladolid.** En la decisión tuvo gran influencia el valido del rey, el duque de Lerma. A raíz de una epidemia de peste, en 1605, la corte regresó a Madrid.

**75 d) Alto cargo político, en especial durante el reinado de los últimos Austrias.** El valido o privado era un cargo equivalente al actual de primer ministro. Sin embargo, no era un cargo oficial.



**76 d) Gaspar de Guzmán.** Gaspar de Guzmán y Pimentel recibe el nombre por el que se le conoce porque era conde de Olivares y duque de Sanlúcar de Mayor. Fue valido entre 1622 y 1643.

**77 a) Corpus de Sangre.** En la revuelta, fue asesinado el virrey, conde de Santa Coloma. El conflicto desencadenó una guerra que se prolongó hasta 1652, durante la cual Cataluña estuvo unida a Francia.

**78 b) El Rey Planeta.** Era un equivalente a la denominación Rey Sol del francés Luis XIV, ya que, según la cosmología griega de Eudoxio y Ptolomeo, el Sol era el cuarto planeta.

**79 c) Prohibió las corridas de toros.** Juan Everardo Nithard, jesuita holandés, fue confesor de la reina Mariana de Austria. También suprimió las representaciones teatrales.

**80 b) Hechizado.** El sobrenombre se debe a su escasa salud física y mental, que llegó a atribuirse a un maleficio.

**81 d) Játiva.** Incendiada en 1707 por las tropas de Felipe V, sus habitantes son conocidos como *socarrats* (quemados). Su denominación oficial fue San Felipe hasta 1811.

**82 a) Batalla de Rande.** Tuvo lugar en la ensenada de San Simón, en la ría de Vigo. Ingleses y holandeses, favorables al archiduque Carlos, lograron la victoria sobre los borbónicos.

**83 b) Vizcaya, Guipúzcoa, Álava y Navarra.** Por su fidelidad a Felipe durante la guerra mantuvieron los fueros tradicionales. Las Cortes de Navarra fueron abolidas en 1841, y el resto en 1876.

**84 c) Felipe V, Luis I, Felipe V, Fernando VI, Carlos III, Carlos IV, Fernando VII.** La dinastía de Borbón se implantó definitivamente tras la guerra de Sucesión.

**85 c) Menorca.** Ocupada por los ingleses en 1708, permaneció bajo soberanía de Gran Bretaña hasta 1756.

**86 c) Carlos III.** El palacio se empezó a construir según los planos iniciales del arquitecto Filippo Juvara. Posteriormente introdujeron modificaciones su discípulo Juan Bautista Sachetti y Francesco Sabatini, que lo completó.

**87 e) Murió por una epidemia de viruela.** Tras la abdicación de su padre, Felipe V, fue coronado en enero de 1724, pero murió en agosto de ese año y su padre volvió a asumir el trono.

**88 b) Real Palacio de La Granja de San Ildefonso.** Isabel había intentado que a la muerte de Felipe el trono recayera en uno de sus hijos. Sucedió finalmente con Carlos III, e Isabel pudo regresar a Madrid.

**89 c) Eran vestidos característicos de las clases populares de Madrid.** Eran atuendos propios de las capas humildes de la sociedad, que fueron adoptados por parte de la aristocracia.

**90 d) La pérdida del monopolio del comercio con América.** Tras el estancamiento derivado del decreto de 1778, la ciudad recuperó su dinamismo en el siglo XIX con la llegada del ferrocarril y la expansión urbana que posibilitó la destrucción de las murallas.

**91 c) Impulsó las excavaciones de Pompeya y Herculano.** Las ruinas de las dos ciudades fueron descubiertas bajo su reinado, Herculano en 1738 y Pompeya en 1748.

**92 a) Conde de Aranda.** La expulsión, decretada años antes en otros países europeos, pretendía cortar de raíz la influencia de los jesuitas en los asuntos de gobierno, especialmente en las disputas con el Vaticano.

**93 b) El motín de Esquilache.** Esta revuelta popular tuvo lugar en 1766 en Madrid. El rey se retiró algunos meses al palacio real de Aranjuez.

**94 b) Sociedades Económicas de Amigos del País.** El ministro de Hacienda, Pedro Rodríguez de Campomanes, les dio un gran impulso para que favorecieran el desarrollo económico de España.

**95 d) Francesco Sabatini.** De estilo neoclásico, la mandó construir Carlos III en el emplazamiento de la puerta de acceso a Madrid por el este.



**96 b) Manuel Godoy.** Primer ministro de Carlos IV, recibió ese sobrenombre a raíz de la firma en julio de 1795 de la paz de Basilea, que ponía fin a una guerra con Francia.

**97 b) Pintor de cámara al servicio del rey.** También tenía ese título Antonio Carnicero. Recibieron esta distinción pintores como Tiziano, Velázquez, Rubens o Claudio Coello.

**98 c) La salida del Palacio Real de los hijos de Carlos IV.** Carlos IV abdicó en Bayona y autorizó a sus hijos a reunirse con él. La multitud protestó al salir del Palacio Real, entendiendo que se cedía el poder a los franceses.

**99 e) Barcelona.** Fue a Zaragoza acompañando a su marido, el cabo de artillería Juan Roca. Adquirió celebridad cuando en la puerta del Portillo llegó a disparar un cañón contra las tropas francesas.

**Mapa 10 a) Del bloqueo continental.** Napoleón lo dispuso para excluir a Gran Bretaña de los intercambios comerciales y así debilitarla.

**c) En cuatro departamentos.** Por decreto de enero de 1812 fueron creados los departamentos de Bocas del Ebro, Montserrat, Segre y Ter.

**100 c) San Miguel de Tucumán.** La declaración la hizo el 9 de julio de 1816 el congreso de las Provincias Unidas en Sudamérica, reunido en una casa particular.

**101 c) Himno de Riego.** Fue compuesto por José Melchor Gomis en honor de Rafael de Riego, el militar cuya sublevación dio inicio al Trienio Liberal.

**102 b) Cien Mil Hijos de San Luis.** El ejército liberal se retiró hasta Cádiz, con Fernando VII como rehén. La ciudad se rindió tras un asedio de cuatro meses.

**103 c) Ley sálica.** Aprobada en 1713, solo reconocía el derecho a heredar el trono a una mujer si el rey fallecido no tenía hijos, hermanos o sobrinos. Su abolición produjo la protesta el hermano del rey, Carlos María Isidro, y se inició el conflicto carlista.

**Mapa 11** **c)** El itinerario de José de San Martín (verde oscuro) y el de Simón Bolívar (verde claro).



**b) Las ciudades en las que se formaron juntas autónomas.** Se crearon, entre 1809 y 1811, por el vacío de poder existente al renunciar a la corona de España Carlos IV y Fernando VII y ceder sus derechos a Napoleón.

**104 d) Ley, libertad e igualdad.** La bandera, un emblema con símbolos masónicos, se la había encargado un grupo de liberales refugiado en Gibraltar. Ejecutada, Mariana Pineda se convirtió en un símbolo del liberalismo.

**105 c) Desamortización general.** Mendizábal suprimió las órdenes religiosas regulares y puso a la venta sus propiedades. En 1855, el ministro Pascual Madoz elaboró un segundo decreto de desamortización.

**106 a) En Cuba.** El primer ferrocarril construido en territorio español unía La Habana y Bejucal y se inauguró en 1837. El primero de la península, entre Barcelona y Mataró, es de 1848.

**107 b) Bonaplata, Vilaregut, Rull y Cía.** La fábrica, dedicada al sector textil, fue destruida en 1835 en el transcurso de unos disturbios populares.

**108 a) Rafael Maroto y Baldomero Espartero.** El 31 de agosto de 1839, en Oñate (Guipúzcoa), los generales Maroto, carlista, y Espartero, realista, se abrazaron y pusieron fin a la Primera Guerra Carlista.

**109 b) Máquinas de hilar mecánicas.** Introducidas a mediados de siglo en muchas industrias textiles de Cataluña, mecanizaron el sector. En la revuelta se destruyeron selfactinas, puesto que los obreros las veían como un peligro para sus puestos de trabajo.

**110 b) Baldomero Espartero.** En 1840, la regente María Cristina dimitió al no poder hacer frente a un levantamiento progresista y dejó en el cargo a Espartero, que lo ocupó hasta 1843.

**111 b) Sor Patrocinio.** Fue un personaje muy popular desde que, siendo novicia, afirmó que en su cuerpo habían aparecido unos estigmas. Bajo su influencia, Isabel II se refugió en un clericalismo muy acentuado.

**112 c) Fábrica de Tabacos de Madrid.** La instalación, creada en 1840 y situada en la antigua sede del Casino de la Reina, junto a la fábrica, comprendía una sala de lactancia y una escuela.



**113 a) Leopoldo O'Donnell.** Se pronunció contra el gobierno, derrotó a las tropas realistas en Vicálvaro (Madrid) y puso fin a la Década Moderada (1844-1854) para dar paso al Bienio Progresista (1854-1856).

**114 d) Una compañía ferroviaria.** MZA eran las siglas de Compañía de los Ferrocarriles de Madrid a Zaragoza y Alicante, fundada en 1856.

**115 d) Paquiro.** Francisco Montes destacó, entre otras cosas, por su notable formación académica, y publicó la obra *Tauromaquia completa* (1836). Está considerado un reformador del arte taurino.

**116 c) El Banco de España.** Era el heredero del Banco Nacional de San Carlos, fundado en 1782 por Carlos III.

**117 b) Teatro de la Zarzuela.** La construcción del teatro fue una iniciativa de la Sociedad Lírico Española.

**118 c) París.** Fue acogida por el emperador Napoleón III, casado con la española Eugenia de Montijo.

**119 a) Claudio Moyano.** La Ley de Instrucción Pública, o Ley Moyano, fue aprobada en 1857. Como marco legislativo de la educación, fue vigente hasta 1970.

**120 c) María del Pozo.** María Victoria dal Pozzo della Cisterna era hija de una familia aristocrática originaria de Cerdeña. Se casó con Amadeo en 1867 y fue reina consorte de España entre 1870 y 1873.

**121 b) Francisco Pi y Margall.** Fue el segundo presidente, tras Estanislao Figueras. Estuvo en el cargo entre el 11 de junio y el 18 de julio de 1873.

**122 e) Filoxera.** La plaga de filoxera afectó a casi todas las plantaciones de viña de Europa, y llegó a España después de haber destruido las viñas francesas.

**123 a) Manifiesto de Sandhurst.** Fue elaborado por Antonio Cánovas del Castillo y firmado por Alfonso de Borbón en diciembre de 1874 en la academia de Sandhurst (Reino Unido), donde estudiaba.

**124 a) Práxedes Mateo Sagasta.** Se creó un sistema inspirado en el bipartidismo inglés que, mediante el control caciquil de las elecciones, alternaba en el gobierno los dos partidos.



**125 b) Su madre, María Cristina.** Archiduquesa de Austria, fue la segunda esposa de Alfonso XII.

**126 c) Maine.** Se hundió después de explotar el 15 de febrero de 1898 en la bahía de La Habana, provocando la muerte de 256 personas. España negó siempre su implicación en la explosión.

**127 a) Una revuelta popular que tuvo lugar en Barcelona en julio de 1909.** Protesta contra el embarque de tropas hacia Marruecos, derivó en huelga general, durante la cual fueron quemados conventos e iglesias. El pedagogo F. Ferrer y Guardia fue fusilado por su supuesta implicación en la revuelta.

**128 b) El Hotel María Cristina.** Junto con el Teatro Victoria, inaugurado el mismo año, hizo de San Sebastián uno de los principales destinos turísticos de la burguesía europea.

**129 b) El ingeniero y empresario norteamericano Fred Stark Pearson.** Proyectó la creación de un sistema de centrales hidroeléctricas en el Pirineo para llevar la electricidad a Barcelona.

**130 c) Unión Patriótica.** El lema de la formación era «Patria, Religión, Monarquía». Al caer la dictadura sus integrantes pasaron a la Unión Monárquica, partido integrado en Falange Española en 1936.

**131 d) Desembarco de Alhucemas.** La operación, realizada conjuntamente con el ejército francés, permitió la captura de la bahía de Alhucemas y una ofensiva que consiguió la rendición Abd el-Krim en 1926.

**132 d) Juan Bautista Aznar.** Su antecesor, Dámaso Berenguer, dimitió el 14 de febrero de 1931. Aznar, almirante de la Armada, convocó las elecciones municipales del 12 de abril y dimitió al conocerse los resultados.

**133 d) Niceto Alcalá Zamora.** El discurso fue emitido por radio. Alcalá Zamora encabezó el gobierno provisional, y en diciembre fue elegido primer presidente de la República.

**134 e) Federica Montseny.** Militante de la CNT, en noviembre de 1936 fue nombrada ministra de Sanidad y Asistencia Social, lo que la convirtió una de las primeras mujeres ministras de Europa.



**135 a) Alejandro Lerroux.** Miembro del Partido Republicano Radical, también fue ministro de la Guerra (1934) y ministro de Estado (1935).

**136 b) Rubia.** Nació cuando se dejó de utilizar plata en las monedas de curso legal. La última emisión con plata es de 1933. Las primeras «rubias» tenían una imagen de mujer, en referencia a la república.

**137 c) Sofocar la revolución de Asturias de octubre de 1934.** Franco utilizó tropas de la legión y de los regulares para reprimir con gran dureza el levantamiento popular.

**138 d) La Olimpiada Popular.** Se tenía que celebrar en Barcelona del 19 al 26 de julio, como respuesta a los Juegos Olímpicos del Berlín nazi. Muchos de los atletas combatieron a favor de la república.

**139 c) Dragon Rapide.** Avión de transporte ligero fabricado por la compañía inglesa Havilland, fue alquilado por el banquero Juan March.

**140 b) Falange Española de las JONS y el carlismo.** El decreto ordenaba la supresión de todos los partidos que apoyaban a Franco, creando un partido único: la Falange Española Tradicionalista y de las JONS.

**141 d) Legión Cóndor.** El objetivo del ataque era cortar el suministro a las tropas del Frente Popular de Vizcaya, pero causó un gran número de víctimas.

**Mapa 12** Mes de las batallas: Jarama/febrero; Guadalajara/marzo; Brunete/julio; Belchite/agosto (y septiembre).

**a) Julio-noviembre de 1938.** Tuvo lugar al noroeste de Tortosa, fue la más larga de la guerra y se calcula que hubo unas 16 000 bajas. Inicial ofensiva republicana, la victoria franquista final marcó la resolución del conflicto.

**142 b) Vinaroz.** Tras la batalla de Teruel, que terminó en febrero de 1938 con victoria franquista, el camino hacia el Mediterráneo quedó libre. Llegaron a Vinaroz el día 15 de abril.

**143 a) Jaime de Andrade.** La película es una exaltación del patriotismo, el heroísmo y el militarismo a través de una familia de marinos de la Armada española, entre la pérdida de Cuba y la Guerra Civil.



**144 d) Fuero de los Españoles.** Establecía derechos, que podían ser suspendidos, siempre que no atentasen contra los principios fundamentales del estado. Estuvo vigente hasta la aprobación de la constitución de 1978.

**145 b) Como alternativa a la gasolina de los coches.** Era un sistema auxiliar con una eficacia muy limitada. Se colocaba en un aparato voluminoso en el exterior de los vehículos.

**146 d) Ramón Serrano Suñer.** Casado con la hermana de Carmen Polo, la esposa de Franco, fue ministro de los primeros gobiernos de Franco (de 1938 a 1942).

**147 b) Una unidad militar de voluntarios que luchó en Rusia al lado de la Alemania nazi.** Dirigida por Ricardo Muñoz Grandes y Esteban Infantes, contó con unos 60 000 voluntarios, 4000 de los cuales murieron en el frente.

**148 c) 1952.** El 22 de marzo de 1952, el gobierno anunció la supresión del racionamiento del pan, y en junio se suprimían por completo las cartillas. Con ello se ponía fin a la autarquía de los años de la posguerra.

**149 c) Organización de las Naciones Unidas.** Fue un acto de protesta ante la inminencia de una resolución de la asamblea general de la ONU que pedía a los estados miembros que no reconocieran al régimen de Franco.

**150 d) Un accidente de caza.** El 24 de diciembre de 1961, Franco resultó herido durante una cacería. Se planteó el futuro del régimen sin su presencia, y se decantó por una monarquía encabezada por Juan Carlos.

**151 b) Seat 600.** Se fabricó hasta el 3 de agosto de 1973. En total se fabricaron 790 000 vehículos de este modelo.

**152 c) Manuel Fraga Iribarne.** Fue en los primeros años de su etapa como ministro de Información y Turismo (1962-1969), y ofrecía como reclamos para los turistas centroeuropeos el sol y la playa.

**153 b) Benidorm.** El impulsor fue el alcalde Pedro Zaragoza. El plan transformó un pueblo de pescadores de 1700 habitantes en una urbe de avenidas y rascacielos.



**154 a) Cuadernos para el Diálogo.** Fundada por el democratacristiano Joaquín Ruiz-Jiménez, en la revista colaborarían personalidades de un amplio espectro político. Se publicó hasta 1976.

**155 c) El choque de dos aviones militares norteamericanos, a consecuencia del cual cayó una bomba al mar.** No se pudo recuperar hasta tres meses después. El ministro Manuel Fraga Iribarne se bañó en las aguas de Palomares para demostrar que no había peligro para la salud.

**156 d) Mayo de 1977, en una pequeña ceremonia familiar en el palacio de la Zarzuela.** Don Juan de Borbón renunció a sus derechos dinásticos pero conservó el título de conde de Barcelona.

**157 a) Una movilización organizada por Marruecos para ocupar el Sahara español.** Organizada en noviembre de 1975 por el gobierno de Hassan II, hizo entrar unos 400 000 marroquíes en el territorio. España lo cedió a Marruecos y Mauritania.

**158 c) Carlos Arias Navarro.** Vinculado con el franquismo desde la Guerra Civil, fue el último jefe de gobierno nombrado por Franco, en enero de 1974. Anunció la muerte de Franco ante las cámaras de televisión.

**159 b) La Platajunta.** La Junta tenía como principal fuerza el PCE, y la Plataforma integraba, junto a otros sectores, el PSOE. La Platajunta negoció con el presidente Adolfo Suárez hasta las elecciones de 1977.

**160 b) Ministro Secretario General del Movimiento.** Fue nombrado presidente del gobierno en julio de 1976. Pese a haber iniciado su carrera dentro del régimen franquista, impulsó la Ley de Reforma Política que pondría fin al franquismo.

**161 b) Sábado Santo.** El 9 de abril de 1977, Sábado Santo, el gobierno que presidía Adolfo Suárez legalizó el PCE y abolió el Movimiento, que integraba el partido único del franquismo.

**162 d) Pactos de la Moncloa.** Incluían compromisos de todos los sectores, como la moderación salarial, la extensión de las prestaciones de la Seguridad Social o la creación de nuevos impuestos como el de patrimonio.



**163 b) La investidura de Leopoldo Calvo Sotelo como presidente del gobierno.** Miembro de la Unión de Centro Democrático, como Adolfo Suárez, ocupó la presidencia tras la dimisión de Suárez.

**164 c) MoMA.** Pintado por encargo del gobierno de la República para la exposición internacional de 1937, Picasso lo cedió al Museo de arte moderno de Nueva York (MoMA) para que fuera devuelto a España cuando se restableciera un sistema democrático.

**165 b) Una inundación tras la rotura de la presa de Tous (Valencia).** No pudo soportar el crecimiento de las aguas a causa de las precipitaciones y se rompió arrasando la zona baja del Júcar. Murieron 40 personas y decenas de miles tuvieron que abandonar sus casas.

**166 b) 202.** A continuación quedó Alianza Popular, liderada por Manuel Fraga, con 107 escaños.

**167 c) La firma del acta de adhesión de España a la CEE (Comunidad Económica Europea).** Se celebró en el Palacio Real de Madrid. La entrada efectiva fue el 1 de enero de 1986.

**168 a) Fernando Morán.** En 1969, Franco había ordenado el cierre de la frontera («la verja») con Gibraltar. En 1982 se permitió por primera vez el paso de personas y posteriormente la apertura de la frontera.

**169 c) Isla de la Cartuja.** Era un recinto de 250 hectáreas situadas alrededor del monasterio de la Cartuja, que fue rehabilitado. Parte de los edificios que se construyeron se incorporaron posteriormente al parque Isla Mágica.

**170 d) Pasqual Maragall.** Accedió a la alcaldía en 1983, cuando Narcís Serra dejó el cargo para ser ministro de Defensa. El 1997 cedió a su vez la alcaldía a Joan Clos. De 2003 a 2006 fue presidente de la Generalidad de Cataluña.



**171 a) Madrid-Zaragoza-Lérida.** Inaugurada en 2003, era la primera parte del proyecto para llevar el AVE hasta Barcelona, donde llegó en 2008.

**172 e) Luis Roldán.** Era director general de la Guardia Civil desde 1986, y fue el primer civil que ocupaba ese cargo. En 1995 fue detenido en Tailandia.

**173 d) Presidente de Castilla y León.** Miembro del Partido Popular, fue presidente Castilla y León entre julio de 1987 y septiembre de 1989. Renunció al cargo para ser candidato a presidente del gobierno en las elecciones de 1989.

**174 d) Joaquín Alumnia.** Pese a que Borrell se había impuesto a Almunia en las primarias para decidir el candidato socialista, posteriormente renunció. Almunia dimitió como secretario general del PSOE tras la derrota electoral.

**175 d) 1868.** Aunque se acuñaron algunas monedas anteriores con la inscripción «peseta», en 1868, Laureano Figueroa, ministro de Hacienda, decretó su implantación.

**176 c) La operación de ocupación del islote de Perejil.** De soberanía española y situado cerca de Marruecos, fue ocupado por un destacamento marroquí en julio de 2002. Fue desalojado por tropas españolas.

**177 a) Estación de Atocha.** Uno de los escenarios del múltiple atentado, cometido por un grupo islamista, en el que fallecieron 191 personas y hubo 1800 heridos. Fue inaugurado el 11 de marzo de 2007.

**178 c) PSC, ERC e ICV.** El Partit dels Socialistes de Catalunya, Esquerra Republicana de Catalunya e Iniciativa per Catalunya Verds suscribieron un pacto que acababa con 23 años de gobiernos de CiU (Convergència Democràtica de Catalunya [CDC] y Unió Democràtica de Catalunya [UDC]).

**179 c) Trinidad Jiménez.** Las ministras del primer gobierno de Rodríguez Zapatero fueron María Teresa Fernández de la Vega (vicepresidenta), Magdalena Álvarez (Fomento), Carmen Calvo (Cultura), Elena Salgado (Sanidad y Consumo), Elena Espinosa (Agricultura y Pesca), María Jesús Sansegundo (Educación y Ciencia), María Antonia Trujillo (Vivienda) y Cristina Narbona (Medio Ambiente). Trinidad Jiménez fue ministra entre 2006 y 2011.



**180 a) PSOE 6 victorias, PP/AP 3 victorias, UCD 2 victorias.** Unión de Centro Democrático venció en 1977 y 1979; PSOE en 1982, 1986, 1989, 1993, 2004 y 2008, y el PP en 1996, 2000 y 2011.

**181 c) Interior y Presidencia.** Además, fue también ministro de Educación y Cultura y de Administraciones Públicas, y vicepresidente primero del gobierno. En octubre de 2004 fue elegido presidente del Partido Popular.

## Créditos fotográficos

Pág. 6: © Cordon Press; pág. 7: © Archivos Larousse Editorial, S.L.;
pág. 9: © Cordon Press/World History Archive; págs. 10, 11, 13, 16, 17, 18, 20, 21 y 22: © Archivos Larousse Editorial, S.L.;
pág. 23: © Cordon Press/The Granger Collection, New York;
pág. 25: © Archivos Larousse Editorial, S.L.;
pág. 26: © Cordon Press/Riccardo Lombardo;
págs. 27 y 28: © Archivos Larousse Editorial, S.L.;
pág. 29: © Cordon Press/Colletion Roger-Viollet (arriba) y © Cordon Press/The Granger Collection, New York (abajo);
págs. 31, 32, 34, 35, 36 y 38: © Archivos Larousse Editorial, S.L.;
pág. 39: © Cordon Press/Lebrecht; págs. 40 y 41: © Archivos Larousse Editorial, S.L.;
pág. 42: © Cordon Press/The Granger Collection, New York (arriba) y © Cordon Press/Corbis/Historical Picture Archive (abajo);
págs. 43, 44, 45, 46, 47, 49, 51, 52 y 53: © Archivos Larousse Editorial, S.L.;
pág. 54: © Cordon Press/Colletion Roger-Viollet;
págs. 55, 56, 57 (arriba) y 58 (monedas): © Archivos Larousse Editorial, S.L.;
pág. 57 (abajo): © Cordon Press/TopFoto;
pág. 58 (imagen): © Cordon Press/Colletion Roger-Viollet;
págs. 59, 60, 61, 62, 63, 64, 65 y 66: © Archivos Larousse Editorial, S.L.;
pág. 67: © Cordon Press/Everett Collection/CSU Archives;
págs. 68 y 69 (imagen): © Cordon Press/Topham;
pág. 69 (moneda): © Archivos Larousse Editorial, S.L.;
pág. 70: © Cordon Press/Corbis/Bettmann;
pág. 71: © Cordon Press/Corbis/Fernando Alda (arriba) y © Cordon Press/Miguelez Sports (abajo);
pág. 72: © Cordon Press/Reuters/Andrea Comas;
pág. 74: © Cordon Press/Reuters/Juan Medina.

# Around Ryde

## IN OLD PHOTOGRAPHS

DONALD A. PARR

Alan Sutton Publishing Limited
Phoenix Mill · Far Thrupp · Stroud
Gloucestershire

First Published 1994



**British Library Cataloguing in Publication Data.**
A catalogue record for this book is available from the British Library.

ISBN 0-7509-0815-7

Typeset in 9/10 Sabon.
Typesetting and origination by
Alan Sutton Publishing Limited.
Printed in Great Britain by
Ebenezer Baylis, Worcester.

Union Street at the turn of the century.

# Contents

Mr and Mrs Vanner lived in a cottage opposite St Mary's RC Church in the High Street. Mr Vanner owned several stage-coaches and was also the landlord of The Castle Inn at Ryde and the Sloop Inn at Wootton. This picture was taken in the late 1800s.

# *Introduction*

Ryde is not only one of the largest towns on the Isle of Wight but most certainly the busiest port of entry for foot passengers. In this respect the pier and ports are well placed to serve residents and those who visit our Diamond Isle.

Regular catamarans cater for passengers wishing to travel from Portsmouth to Ryde Pier. These fast craft which complete the journey in seven to ten minutes have replaced the older type of steamer that plied the Solent for so long, and I personally feel that much has been lost. Gone are the days when

Union Street in 1904 showing ladies of the town outside the London Buffet, famous at that time for serving hot dinners.

part of the joy of crossing the Solent was the chance to enjoy a pleasant sea trip, to sit on deck with a cup of tea – or maybe something a little stronger!

As well as the 'cats' Ryde also has a hovercraft link with Southsea. If we are to have these fast links with the mainland then the hovercraft must surely be a fitting vessel for the job, for Sir Christopher Cockerell designed, built and tested it here on the island at Cowes.

Another link from Portsmouth is the regular car ferry to Fishbourne, a journey of approximately forty-five minutes. These are superior to some of the car ferries on which I have travelled in other parts of Europe. They are clean, comfortable, well carpeted and using them is a pleasure.

In this, the follow-up to *Newport in Old Photographs*, I have taken into consideration the area encompassed by Ryde. In order to obtain as comprehensive an area as possible I have included photographs of events and people in the outlying districts, places such as Seaview, which at one time boasted its own pier as featured on the front cover, Wootton with its tidal creek, and Havenstreet, now the home of the Isle of Wight Steam Railway.

Records of 1656 show that the population of Ryde was estimated to be about 220. In 1813 the first stone of the pier was laid and great timber piles were driven into the sea-bed to form the foundations of 'The daddy of seaside piers' as it was once described by Henry Fielding. By the 1860s, a second pier known as the Penny Pier was built, one penny being the charge for entry. By then the population had grown to over 10,000. Unfortunately, the Penny Pier was demolished in 1910. Now, the head count would be over 70,000.

During the course of decades, the island has welcomed many families from the mainland who have made their homes here to become an integral and important part of the community.

The town of Ryde in the main has somehow managed to withstand mutilation by modern road systems and the defacement caused by modern architecture and high-rise buildings. When approaching Ryde by ferry it still gives an aura of peace with its church spires boldly silhouetted against a background of green. It is a town which has stood the test of time. May we hope that it long continues so to do.

I am indebted to the many people who have raided their attics and chests to look out records and pictures, some of which I am delighted to be able to include here.

SECTION ONE

# Just People

Mike Savatorie, 1922. Mike was the last barrel organist to travel the island roads. His monkey seems happy perched on the organ.

This is the first of a group of photographs depicting the Chandler family. Here we have Mary Chandler as a young girl taking teddy for a walk in a pushchair in 1932.

Dora Chandler, taking Margaret and Mary on Ryde canoe lake in 1935.

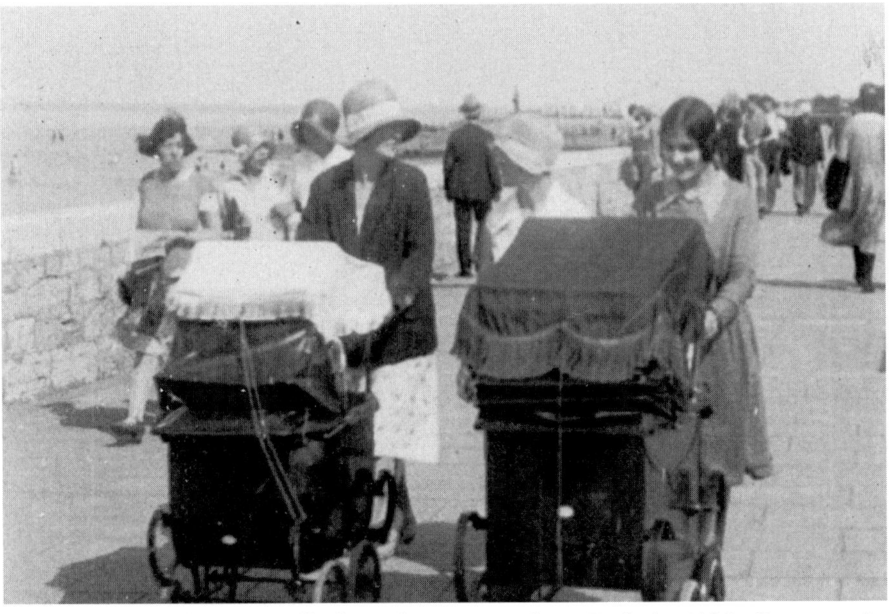

The Chandlers taking a stroll along the promenade at Ryde in 1930. Compare the prams with the models of today.

Dora and her friend on Ryde sea front in 1929. It is interesting to see the fashionable hats which were worn, even for a Sunday afternoon stroll.

Mary Chandler posing for the camera on Ryde sands, 1947.

Back to 1939 and a beach party at Appley beach with, left to right, -?-, Mary Chandler, -?-, Nancie Dean and Dora Lodder.

The Chandler family having tea at the end of Ryde Pier in 1938. Left to right: Mabel, -?-, Frank, Reg, Margaret, -?-, Nan, Eileen and 'Gran' Chandler.

Schoolchildren in the local playground. Back row, left to right: Mary Stevens, -?-, Norman Lodder. Front row: Mary Lodder, Dulcie Russell, Norman Smith.

Corporal Sothcott and his son Peter in the Army during the First World War. Here they were both on leave on 19 April 1918.

Alan Kerridge, a soldier during the First World War, photographed when home on leave.

During the peace between the two wars, families were able once again to take holidays. Here we see the Chandler family on Ryde beach in 1932. Dora with Grandad and Gran Chandler watch over young Mary.

Some of the congregation at Ryde Baptist Church, *c.* 1910.

Ryde Baptist Church Christian Endeavour and choir outing with Revd H.H. Turner at Alverstone sometime between 1908 and 1913.

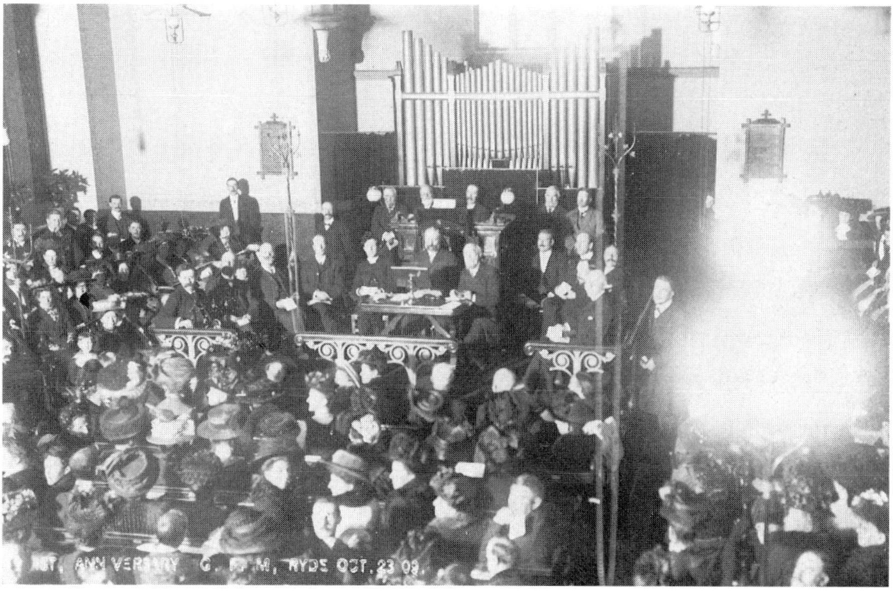


The first anniversary of 'The Gospel Forward Movement', 23 October 1908. This movement was started by the Revd Turner at Ryde Baptist Church.

Ryde Baptist Church group taken in 1888 with the Revd Bruce Pearson.

Ryde Baptist Church Sunday School at the turn of the century.

In common with all churches, Ryde Baptist had its team of officials. Pictured here in 1906 are: (back row) Mr E. Spencer, W.B. Savage (choir leader), Mr T.R. Grimsdick. Front row: W.G. Daish (treasurer and Sunday school superintendent), Revd E. Bruce Pearson (pastor), S.D. Munday (church secretary) and W.H. Porter.

Seaview Horticultural Show, 1930. Pictured among others are: Bert Bull, John Caws and Ray Henley, the local baker.

Alan Mew from Porchfield is pictured (centre) leaving the boat at Ryde Pier head after returning from a football match at Portsmouth, early 1900s. By the look on their faces, maybe they lost!

Charles Williams and his niece Jean Elmore posing on Ryde beach in 1939 .

One thing for certain is that little Mary Chandler was always 'up to her neck in it', even on the sands at Ryde in 1933.

Charles Williams playing football with his son Len, 1939. It is interesting to remember the days when footballs were made from leather panels and not the composite material we see today.

The Simmonds Band, a dedicated group of island musicians who entertained regularly in various island locations, *c*. 1940s.

Pleasure trips from Ryde Pier have been popular since early Victorian times. Pictured are a group disembarking in 1897.

During the latter days of the Second World War, those employed in reserved occupations or who were medically unfit for active service joined the dedicated Home Guard. Here we have the Ryde Company in 1944.

One of the worst snowfalls in British recorded history took place in the winter of 1881 when this photograph showing the entrance to St Thomas's Church was taken.

Interior of St Mary's RC Church taken in 1890 and showing its full grandeur, even to the extent of decorated pillars.

Revd John B. Cahill, priest of St Mary's from 1866 to 1900, prior to his appointment as the second Catholic Bishop of Portsmouth.

Canon Stephen Mongon, priest at St Mary's RC Church from 1911 to 1943.

Revd William Timothy Cotter, who was at St Mary's Church from 1892 to 1910 before succeeding Revd Cahill as the third Catholic Bishop of Portsmouth.

Father John Telford who led the worship at St Mary's from 1846 to 1865.

Revd John Vertue was the incumbent at St Mary's Church from 1882 to 1884 before becoming the first Catholic Bishop of Portsmouth.

Upper High Street, believed to be 1901. The photographer would have been standing where the traffic lights are situated today. It seems that even in the early days of photography, little boys stood and stared at the camera.

This picture of George Swain was taken in 1932. He was the proprietor of the Marine Hotel in Ryde, which has now been demolished.

Joseph Hay, known to all as 'Uncle Joe', who would lead entertainment not only at amateur and professional shows but also at parties – in fact wherever there was an audience. A charismatic character and a singing teacher, he was killed in an air raid during the war. This picture dates back to late 1937.

SECTION TWO

# The Pier and Esplanade

Ryde Pier, 1883. Note the steam tram.

A later photograph of Ryde Pier taken before the bus station was built. The liner passing is believed to be the *Queen Elizabeth*.

This photograph was taken at the same time as the one above, only now showing the pier entrance. These two pictures are thought to be from the early 1950s.

Believed to be about 1908, the Chaplins' horse-drawn van is seen outside their depot. Centre foreground shows the round hut known as the cabbies' hut, a shelter for taxi drivers.

With the introduction of the motor vehicle, crossing to the pier entrance could be hazardous.

The electric tram known as 'The Grapes Car' on Ryde Pier. The tram was built in Ryde in 1867. This mahogany and teak carriage is now preserved in Hull Museum.

Later, this mode of transport changed and luggage trailers were towed behind.

Official picture, 4 October 1906. This was when the IOW Central Railway took possession of their new carriage built by Hurst Nelson & Co. which seated either six first-class or forty-four second-class passengers.

Even in early Edwardian days, a stroll along the pier was a fashionable pastime.

Ryde Esplanade second pier, known as the Penny Pier. This was before the advent of any buildings of note on the seaward side.

In Victorian times the wheelchair was known as the Bath chair, and its size was enormous. Here we see one on Ryde Pier. It is also interesting to note the open bridge on the boat.

Another view of the end of Ryde Pier, once again showing the open bridge on the paddle-steamer, during the late Victorian period.

An early picture of a hovercraft landing at Ryde before the building of the hovercraft terminal in the 1960s.

Ryde Pier, 1910. Ryde Pier was often used as a fashionable meeting place, so seats were provided for those taking the sea air. Those over forty years old will remember the machine used for printing out their name on a piece of metal – and all for one penny (right foreground). The gentlemen tried their luck on a couple of machines further along the pier.

One of the features incorporated into the pier during the early days was its use for private boating. Here we are able to see the boathouse with its slipway, as well as Taylor and Sons' pontoon.

Accidents do happen, even in the best regulated circles. Just after midnight on 9 March 1973 the ferry MV *Shanklin* lost her way in thick fog and ploughed into the side of the pier. A few minutes later, a taxi driver taking a fare along the pier and unable to see the damage drove straight into the sea. Fortunately no one was hurt.

PS *Waverley* passing Ryde Pier. *Waverley* is the last paddle-steamer to be in regular service today. Now based in Scotland she makes regular runs to the Isle of Wight where she undertakes excursions in the Solent. The *Waverley* is easily recognized by her twin funnels.

As ferries became larger, more and more people made the crossing to and from Portsmouth. This photograph is thought to have been taken in the early 1930s. It seems that up to then no provision had been made for the motor vehicle.

MV *Brading*, a comparatively modern ferry, seen leaving Ryde Pier head. How many of us can remember the Ford 10 cwt wooden shooting brake similar to GDL 970 owned by Croucher's wholesale grocers of Newport (bottom left)?

On her maiden voyage the *Queen Mary* sailed close to Ryde Pier, 27 May 1936. Many small craft and pleasure boats went out to greet her. This photograph, taken from the deck of a pleasure craft, shows the liner in her full splendour.

The French liner *Normandie*, belonging to Compagnie Générale Transatlantique, anchored off Ryde in 1939 to allow passengers en route to the USA to embark. These included Gracie Fields and her husband Monty Banks.

As motor transport increased, so did the use of the charabanc. Here we see the Western Esplanade and the charabancs with their trippers in the early 1930s.

The Esplanade, 1920. This view gives a good impression of the area before its development. The railway tunnel entrance is clearly visible, as is the vast expanse of sand. Note the horse drinking-trough under the light (centre).

This is the first double-decker bus on the island, 1905. It is pictured at the entrance to Ryde Pier and it had to compete with the horse-drawn vehicles awaiting passengers.

In 1920 the beach at Western Esplanade was famous for swimming for both young and old – and not a drop of oil in sight!

In the early 1990s there was a great deal of controversy over the fate of Ryde Pavilion. Here we see it in its heyday in 1930.

In 1939 bathing at Ryde was an enjoyable pastime, but with the industrialization of the ferry trade these bathing beaches have become a thing of the past.

This is a later view of Ryde Pavilion taken in the 1940s. Many well-known stars, such as Anne Zeigler and Webster Booth, would appear for summer seasons.

As late as 1954 Ryde was well equipped with pleasure and flower gardens along the length of the Esplanade. Some say that the buildings occupying the site now are an improvement.

SECTION THREE

# Transport

Premier Bus Service, operated by A.M. Creeth of Nettlestone, en route between Ryde and Seaview, 1911. The vehicle is a Darracq-Serpollet French-made steam bus.

The late Jack Wavel standing by his Enterprise bus in the late 1920s. Inside are his father and daughter.

Prior to the building of the bus station, out-of-service buses would park in a small lay-by adjacent to the railway line.

Jack Wavel pictured with one of his Golden Rod charabancs prior to the founding of the Enterprise Bus Co. in the mid-1920s.

A coach of the very latest design, parked in the lay-by at Ryde, late 1950s.

This old paddle-steamer is probably the *Duchess of Richmond*, 1911. Unfortunately she was a casualty of the First World War, being sunk by enemy action. Her sister ship, the *Duchess of Norfolk* was also a Portsmouth to Ryde ferry and differed only in her paintwork which was white instead of black. In 1937 she was sold to a company in Weymouth and was renamed the *Embassy*. She survived until the 1960s.

When the pier was first constructed transport both ways was by horse-drawn tram. Here in 1870 we see the tram about to be placed on the turntable to start the return journey to the Esplanade.

Again we see the Darracq-Serpollet steam bus, this time on private hire to the St Helens Wesleyan Band of Hope for an outing on 15 May 1912.

The junction of Union Street and St Thomas's Square, showing bus number DL 77 belonging to the Isle of Wight Motor Express Syndicate, 1905. The conductor is walking by the side of the bus with a wooden wedge to slip under the back wheels when it stops.

A photographic reproduction of an advertisment for a boat and stage-coach combined journey. They must have prayed for good weather.

Another bus of the Isle of Wight Motor Express Syndicate. Unfortunately these buses were unable to cope with the road conditions of the day and only ran for the 1905 season.

A charabanc outing some time in the late 1920s. The names of the driver and occupants are unfortunately not known.

One of the first Enterprise buses on a scheduled run waiting at Ryde Esplanade, mid- to late 1920s.

The White Heather service was run by Pearce Stage Coaches until the turn of the century. The photograph shows the coach at the Royal Pier Hotel which was demolished in the mid-1920s to make way for road improvements.

A carter passing along Parklands Avenue in the 1890s. It is interesting to see that the man on the right is carrying a bushel bag. This was a wicker basket usually on a shoulder harness. A bushel is the equivalent weight of 8 gallons.

The heyday of the private coaches plying for the holiday trade, late 1940s.

With the fall of the Beeching axe and the demise of the steam locomotive, someone in their wisdom introduced very old London underground rolling stock. Here we see Pickfords moving a carriage for use on the Ryde to Shanklin route.

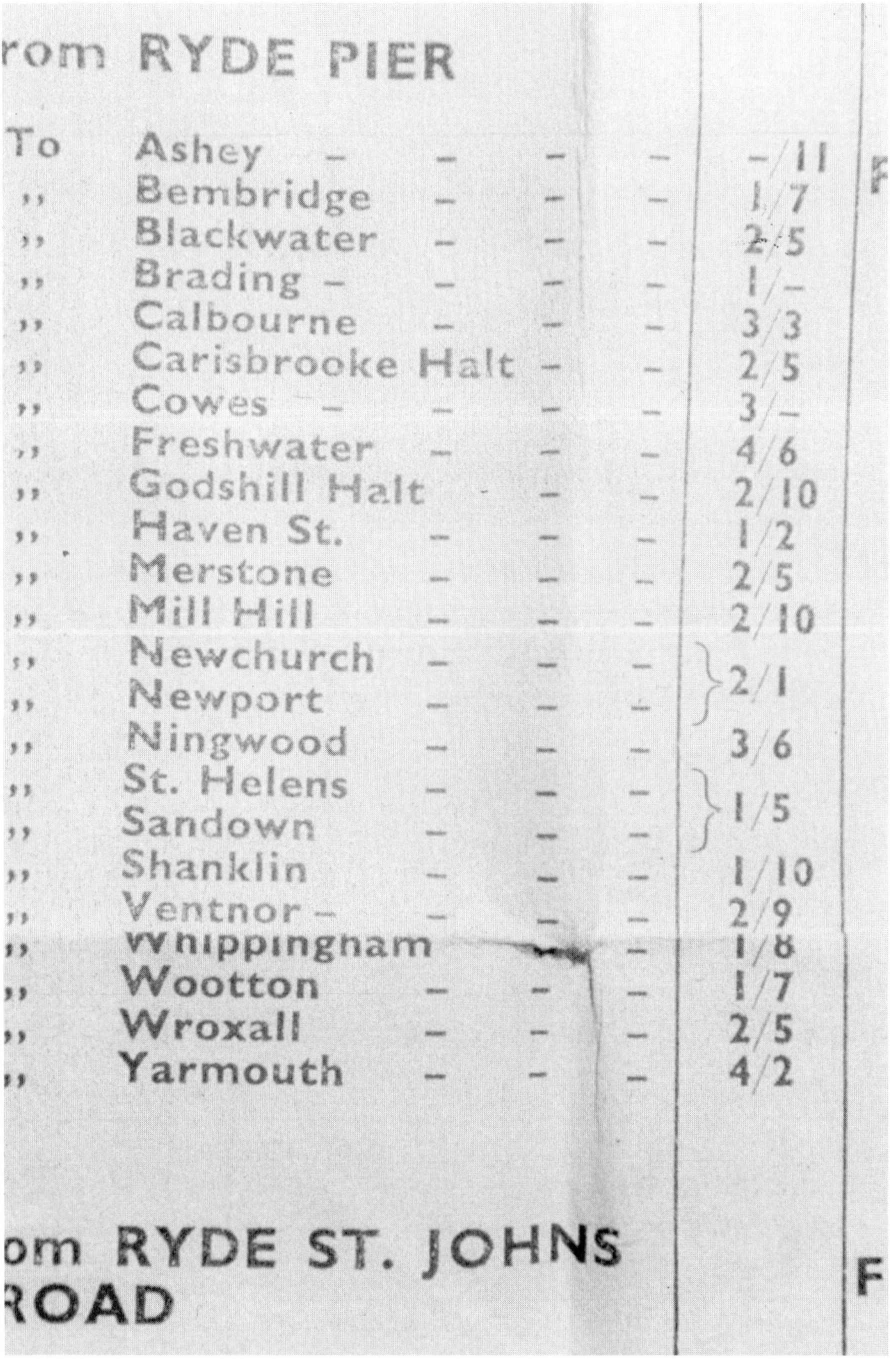

rom RYDE PIER

| | | |
|---|---|---|
| To | Ashey – – – – | –/11 |
| ,, | Bembridge – – – | 1/7 |
| ,, | Blackwater – – – | 2/5 |
| ,, | Brading – – – – | 1/– |
| ,, | Calbourne – – – | 3/3 |
| ,, | Carisbrooke Halt – – | 2/5 |
| ,, | Cowes – – – – | 3/– |
| ,, | Freshwater – – – | 4/6 |
| ,, | Godshill Halt – – – | 2/10 |
| ,, | Haven St. – – – | 1/2 |
| ,, | Merstone – – – | 2/5 |
| ,, | Mill Hill – – – | 2/10 |
| ,, | Newchurch – – – | 2/1 |
| ,, | Newport – – – | 2/1 |
| ,, | Ningwood – – – | 3/6 |
| ,, | St. Helens – – – | 1/5 |
| ,, | Sandown – – – | 1/5 |
| ,, | Shanklin – – – | 1/10 |
| ,, | Ventnor – – – – | 2/9 |
| ,, | Whippingham – – | 1/8 |
| ,, | Wootton – – – | 1/7 |
| ,, | Wroxall – – – | 2/5 |
| ,, | Yarmouth – – – | 4/2 |

om RYDE ST. JOHNS
ROAD

A railway fare tariff of 1948 showing the day return prices from Ryde Pier.

SECTION FOUR

# Sports and Pastimes

The drama group at Ryde School in the 1938 production of *Paths of Glory*. Those taking part include McIsaac, White, Aspinwall and Dabell.

Ryde School football 2nd XI in 1928. Back row, left to right: C.A. McPherson, B.W. Brennan, T.M. Bishop, R.C. Jollife, V.P. Hole, Mr B.S. Hawke. Front row: C.T. Cleaver, E. Banting, J.R. Taylor (captain), D.F. Miller, A. Macbay.

Ryde School cricket XI, 1934. Back row, left to right: R.C.A. Weeks, J.F. Blythe, A.E.D. Mitchell, S.M. McPherson, E.M. Bishop. Front row: R. McIsaac, R.C. Love, Mr W.L. McIsaac (headmaster), K.M. Bishop, Mr C.C.H. Worrell, H.J.H. Cresswell, J.A. Morrison.

Ryde School prefects for the Easter term 1936. Back row, left to right: D.G.C. Gribble, H.S. White, J.F. Blythe, B.P. Dabell. Front row: J.D. Harman, R. McIsaac, P.B. Percival.

A record row around the island in 1928 when the time was reduced from 11½ hours to 9¼ hours. Those taking part were E. Fawdry, L.J. Strange (boys from Ryde School), Mr B.F. Holness (parent) and three old boys, E.J. Rea, C.J. Fripp, E.T. Norman.

The Ryde School hockey team at Easter 1943. Back row, left to right: Newman, Parr, Veale, Luke, Deacon, Strother. Centre: Gale. Front row: Ryall, Trevett, Cornish, Russell.

Trinity House was the original boarding house of Ryde School. The school moved to its present site in 1928.

Ryde School senior hockey team, 1932. Back row, left to right: Mr T.F. Boyd, K.M. Bishop, E. Whitewood, R.F. Christmas, G.R. Scotney, J.C. King, Mr E. Urry. Front row: A.G.A. Cooper, -?-, T.M. Bishop, Mr W.L. McIsaac, C.P. Inman, G.F. Revill, J.W. Lovell.

The football team for the 1921/2 season at Ryde School. Back row, left to right: Mr J.F. Hilliard, E.H. Tee, F.M. Morris, R.H. Phillips, T.W.G. Duka, H. Barritt, Mr W.L. McIsaac. Centre row: B. Batt, L.C. Turner, C.G. Bailey (captain), C.H. James, F.R.B.H. Kennedy. Front row: A.O. Barlow, K.G. Saunders, M.G. Orchard, W.S. Butt.

The legendary Jack Hobbs in the nets instructing some fortunate Ryde School boys.

The Blue Star football team based at Seaview. This picture is believed to have been taken in the 1930s.

The Ryde Model Yacht Club was started in 1890 but after a short lapse restarted in the 1930s by Arthur Kerridge. He introduced the Marblehead class of yacht designed by Roy Clough of Marblehead in Boston, Massachusetts, USA. This yacht was designed to fit into a car. Its length was 50 inches and its sail area did not exceed 800 square inches. Yachts would race against each other on a handicap basis. The club also had a section for children up to twelve years of age and refreshments were served in the newly built boathouse.

This picture shows handicap races in the 1920s prior to the building of the boathouse.

The Model Yacht Club entry for the 1936 carnival depicting model yachts though the ages and showing, left to right: Roy Arnold, Nancy Kerridge, Arthur Kerridge, Rodney Searle (Town Clerk of Ryde).

The club carnival entry for 1937, depicting model yachting, and sporting a bold slogan.

Yet another carnival entry, this time in 1938, with members on a float portraying the 350th anniversary of Drake and the Armada.

The club scoreboard during a National Marblehead Championship, with secretary Arthur Kerridge.

The ladies of the club social committee in 1937/8. Among those pictured are: Mrs G. Scovell, Mrs Hare, Mrs C. Searle, Mrs K. Arnold, Miss M. Searle, Mrs Lawrence.

The Victory Town Cup team pictured in 1949 with Cllr Taylor, Mayor of Ryde (centre).

Another photograph of Yacht Club members showing Mr Arthur Kerridge and Ryde's mayor.

Ryde canoe lake in the 1890s. The design of paddle-boats has hardly altered in a hundred years.

Ryde Harriers in about 1937 showing their distinctive starred strip. Among those pictured are: Back row: (wearing hat) Arthur P. Biggs. Front row: (extreme left) Bob Pawling and (last on right) Gordon Smith and George Biggs.

A later Harriers group. Unfortunately the date and names are not known.

Ryde Harriers v. Woodnutts A.C. St Helens, 1937. This picture was taken at Ryde School. Back row, left to right: Attrill, J. Troughton, Attrill, -?-, George Biggs, Les Smith, F. Dyer, Derek Salmon, Jack Eggleton, Footer, Ron Cross, -?-, Gumbrell, -?-. Seated: Arthur P. Biggs, Mrs Biggs, Alec Mellor.

Ryde Harriers in the 1950s. Back row, left to right: R. Rayner, D. Bayley, W. Ross, R. Barrett, T. Bishop, E. Peach, T. Warren, R. Pawling, J. Miller, V. Jervis, J. Newman, G. Biggs, A. Willy, K. Hicks, P. Chapman, P. Kimber, G. Smith, J. Kingman, J. Leach. Centre row: B. Dunford, E. Leal, L. Forbes, R. Jacobs, J. Eggleton, R. Watkins, J. Allen,

J. Tait, Mr A.P. Biggs (chairman), P. Biggs, A. Jordan, V. Dyer, W. Blundell, J. Young, Mr C.G. Smith (secretary). Front row: Misses D. Dennis, F. Brown, P. Brading, S. Knowles, S. Ham, S. Redout, J. Le Masieur, P. Sellers, M. Bishop, E. Hewison, J. Clark.

Before the start of the annual Newport to Ryde Race, *c.* 1947. In those days this race was open only to island runners but it is now an open race, sometimes involving up to 200 runners. Among those pictured are: Laurie Forbes, Jack Eggleton, Eddie Leal, George Biggs, Percy Biggs, Paddy Byrne, Bill Ross, George Attrill and A. King, Mayor of Newport.

This is a pre-race photo of a Harriers team in October 1902. Unfortunately the identities are unknown.

Occasionally the Harriers were visited by internationally famous athletes. This picture, taken in the 1950s, shows Jim Peters presenting jugs to members. Left to right: Bob Pawling, Eddie Leal (race organizer), Jim Peters, almost hidden, behind Jim, Frank Searle (president), Alan Jordan and Jack Tait.

Jim Peters surrounded by admirers in 1957, the date of the first Isle of Wight marathon.

The winner of this first marathon finishing on Ryde Promenade in 1957 was Ken Honney, a member of Walton-on-Thames AC.

Start of another island marathon at Ryde Castle in 1957. Some of those pictured are: Sam Ferris (Olympic silver medallist in the 1932 Los Angeles games), Jim Peters, Bert Dunford (Chairman, Ryde Harriers), the Duke of Wellington (then Governor of the island), Cllr Harry Rogers (Mayor of Ryde), Alan Jordan (of Ryde Harriers), Cllr Frank Searle (President of Ryde Harriers) and Jack Tait of Ryde Harriers.

SECTION FIVE

# Around the Town

Union Street, Ryde, 1950s.

Hazlewood, a large imposing residence on the Ashey Road, had many owners and became a youth hostel between the two world wars. Unfortunately it received a direct hit from enemy bombing during an air raid over the island.

The Western Esplanade at Ryde prior to the road alterations and building work was a pleasure garden, laid out with formal flower-beds. The flower-bed on the left had a fountain in the centre.

Like the Western Esplanade, the Eastern Esplanade boasted formal gardens. This photograph from around the turn of the century shows Ryde Castle Hotel in its garden setting.

The junction of Union Street and the Esplanade. This photograph is believed to date from just before the First World War and shows the dress of the day.

Union Street, taken sometime in the early 1950s. It seems strange to see what resembles a white line rather than a double yellow.

One of the earliest photographs of Spencer Road, Ryde, taken in the late 1800s.

Another view of Spencer Road some years later, in 1905. One of the gentlemen is Mr Waddren.

A winter scene depicting the old Mission Hall at the corner of Weeks Road and Longmead Road. This was demolished in 1950.

Union Street from an engraving depicting the newly constructed pier in 1813.

The Royal Pier Hotel, pulled down to allow road improvements to take place. On the left is the Eagle Hotel, now the amusement arcade.

The Falcon Hotel, Swanmore Road, 1880. The Falcon is a thriving public house and remains on this spot to this day.

Another view of the Eagle Hotel. A stage-coach line used the Eagle and it was a common sight to see a four-in-hand loading with passengers.

Another view of the Royal Pier Hotel taken from the seaward side, again showing the Esplanade fountain in its formal setting.

The York Hotel in George Street, now renamed the Royal York Hotel.

Another view of the Royal Pier Hotel prior to its demolition, showing in more detail the lavish style offered to guests of the day.

Built in the late 1800s, the Royal County Hospital, Ryde was for many years one of the two main hospitals serving the island. This was originally known as The Royal Isle of Wight Infirmary and County Hospital.

Pickfords, demolished to make way for the bus station. This photograph was taken in 1933 and shows the manager, Mr F. Dowdell (centre), staff and a wonderful display of posters.

Tims' wet fish shop in the High Street with proprietor Arthur William ('Bob') Tims, 1962.

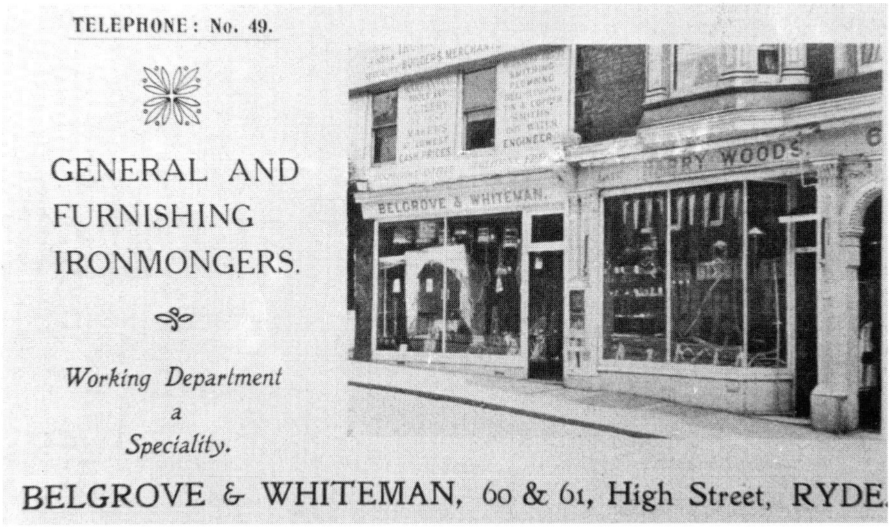


An advertisement for the ironmongers, Belgrove & Whiteman, of Ryde High Street.

This *c.* 1922 advertisement for Ellis Palmer, the forerunner of the modern department store, suggests that they sold everything from furnishings to revolvers (including the ammunition!).

Ellis Palmer's shop in Union Street showing a full range of goods displayed in the window.

The Victoria Dining Rooms was one of the best-known eating houses in Ryde at the turn of the century.

The fish shop, opposite what is now Woolworths in the High Street. It has plenty of fish on display.

Disaster struck the Ryde railway tunnel when the pumps failed during heavy rain, 28 October 1908. Flooding took place and many steam pumps were needed to reopen the tunnel. Note the dress of the boy on the right-hand side of picture.

Another picture of the flood, here with the Shanklin pump. A number of men and boys are watching intently. Oh well, boys will be boys!

The Shanklin pump, now joined by one from Ryde, seems to have the action well under control.

The Esplanade end of the tunnel at the height of the flooding.

St John's Road end of the flooded tunnel. Floods similar to these are very quickly dealt with in this day and age. It wasn't so easy in 1908.

Ryde firemen outside the fire station before the days of motorized pumps, *c.* 1904. The uniforms were certainly different, with leather thigh boots and brass helmets.

The Ryde lifeboat *Selina* set sail on a mercy mission on 1 January 1907, only to capsize in the Solent with the loss of two of her crew.

Next morning the *Selina* was washed ashore at Southsea with the crew still clinging to her keel.

The cortège arriving at Ryde Cemetery gates for the funeral of the two brave lifeboat crewmen.

Isle of Wight Territorials marching along Union Street, late 1920s. Note the striking optician's sign on the left of the photograph.

St Mary's RC Church, High Street, Ryde, has altered little externally during the past century.

Christ Church (Baptist), Ryde, founded on 9 October 1862. It was discovered in later years that the spire was of unsound construction and efforts were made to shorten it.

The funeral of the late Revd H.N. Thompson, St Peter's Church, Havenstreet, 29 November 1908.

View of the flooding adjacent to the railway line leading to Ryde St John's station in 1961. The top right corner shows the Simeon Arms.

Upton windmill was built in 1861 and remained in use until 1913 when the miller, E. Sweetman jun., decided that it was unsafe to continue milling and had the sails and cap removed. The remaining two floors survived to be used as a look-out post for the Home Guard during the Second World War. It was demolished in the mid-1960s.

The canoe lake in Ryde. This photograph was taken just after the First World War when two tanks were brought to the island to use as memorials. One was placed in Victoria recreation ground in Newport and the other at the canoe lake on a specially prepared site (top left corner of photograph). It was removed in the early 1940s for the war effort.

This is the first seaplane to land on Ryde sands, 1918. Pleasure flights were run from the sands for the holiday season in 1919.

M. Maybrick, Mayor of Ryde, 31 March 1909.

The ministers and deacons of Christ Church (Baptist), Ryde, in 1948. Back row, left to right: E.J.W. Matthews, F.W. Gosden, A. Dallimore, P.L. Blakely, W. Harris. Front row: H.S. Castle, E.J. Willis, J.D. Yearbury, A.T. Dunford.

Snow in Ryde High Street in 1881, one of the worst winters ever recorded on the island.

SECTION SIX

# Seaview

The 1,000-ft long suspension pier at Seaview, demolished in the mid-1950s.

John Everett Caws, founder of Caws' shoe shop at Seaview, late 1800s.

Another member of the Caws family, Elizabeth.

W. Matthews, bakers at Seaview, around 1900.

John Everett Caws with his wife Emma Louise, 1891.

The Caws' family shoe-repair shop in the 1920s. Mr M. Caws (right) with Mr H. Gordon.

Martin Caws outside his pet shop, 1897.

Caws' shoe shop and Smith's chemist in Seaview, 1920s.

Caws' shoe shop in its early days, 1920s.

This picture was taken in 1908. In the background is Seaview Pier, built by the Caws family. In the foreground, the small girl in the hat is Jean Rawson who left the island to live in France some years ago.

Caws family portrait taken in the early 1900s: John Everett, Gordon, Frank, Henry and wives, Louise and Ella, Sue, Everett John and wife, Herbert and Dorothy.

A view of Seafield Road, Seaview, showing a charabanc outing, 1918.

A later view of Seafield Road, 1923.

Little has altered in Seaview. This 1918 photograph shows the sea front.

Seaview church, 1892. Though the surroundings may change, the church remains a stable influence.

While the ladies take tea at Seaview in 1913, the Navy seems to be watching over them.

One of the biggest hotels in the area was Seaview Pier Hotel, now demolished. This 1918 picture also shows a fine automobile of the day parked next to a horse-drawn trap.

As with all towns, Seaview had its own garage. Seafield garage, displaying a fine range of vehicles, is pictured here in 1920.

A general view of Seaview, 1918.

This 1913 view from the pier shows ladies promenading along the front.

One part of Seaview which has changed little over the years is Spring Vale, seen here in 1918.

The sands of Seaview, when the beach was busy with holiday-makers, 1913.

Another 1913 photograph of Seaview.

The opening of Seaview post office, 1930. Sidney Matthews was among those at the opening.

Seaview Sea Scouts, *c.* 1919.

Seaview football team, 1911.

Seaview football team 1913/14, winners of the Seaview Championship.

Seaview beach in the 1950s. It was a popular bathing area and many beach tents would be erected above the water line.

Nettlestone Point in 1901. Pictured is the Starboard Club and thatched cottage.

SECTION SEVEN

# Havenstreet

Beaters just prior to a shoot in the early part of the century. Among those pictured are Will Salmon and George Hales (standing next to the lady on the extreme right).

Grandmother Weeks, a well-known personality in Havenstreet, *c.* 1902.

Clearing woodlands in preparation for the building of the railway cutting at Havenstreet in 1873. The station opened in 1875.

J. Read's shop at Havenstreet at the turn of the century.

This unknown person was a familiar sight in the White Hart at Havenstreet at the turn of the century.

Snow at Havenstreet in the winter of 1963. Needless to say no traffic could get through either to or from the village.

Wesleyan Sunday School on a 'treat', 20 July 1900.

A view of the White Hart, 1929. The man in shirt-sleeves in the centre of the photograph is believed to be Mark Flemming, the local blacksmith.

The Wesleyan Chapel at Havenstreet. Like most of these chapels, it was the hub of the social life in the village.

The main road, Havenstreet, showing once again the White Hart in 1905.

Haymaking at Havenstreet, 1908. The second and third from the left are Harry Leal and 'Tunner' Taylor.

'Jaffer' Barton, the local hurdle maker, in his garden, *c*. 1910.

A view of old Havenstreet, late 1800s.

The wedding of Albert Daish to Emily Leal. Back row, left to right: Mrs B. Woodford (née Leal), Harry and wife. Second row: Cyril Leal, Louise Leal, Frederick, Henry and wife, Albert and mother. Front row: -?-, Katey Leal (bridesmaid), Albert, Emily, Gertrude (bridesmaid), -?-.

Group photograph, 1902. Among those pictured are Beattie, Gurty, Emey Leal and Hilda Stroud.

Fourteen-year-old Alan Leal on horseback receiving a trophy from Dr Charles Hill (famous as the Radio Doctor), 1944.

Mrs Winter, known to all as 'Grannie Winter', nursing one of the James girls in the mid-1930s.

Will Hearne with his granddaughter, 1944.

Les, with one of the James girls in his arms, watched over by Grandfather Will.

This unknown lady (1930s) holds the hoop which is passed to an engine driver before he can proceed on to a single line track. The hoop is collected at the other end of the line for the driver of a returning train.

Havenstreet at the turn of the century, showing the railway footpath.

The train on the left destined for Ryde waited at Havenstreet station for the Newport train to clear the single track. The station worker in the centre is holding aloft the single track hoop. Until the driver had this hoop in his possession he could not continue to the next portion of single track. This ritual continued into the 1950s.

SECTION EIGHT

# Wootton Bridge and Quarr Abbey

The winter of 1962 saw the freezing over of the tidal creek at Wootton. It was possible at low tide to ride a bike to the Fishbourne ferry terminal.

One of the first double-decker buses which ran for the season of 1905 seen here at the Sloop Inn at Wootton. At this time four-in-hand stage-coaches were still used. Note the mounting ladder leaning against the side of the inn.

General view of High Street, Wootton, 1950.

General view of the Sloop Inn, 1950.

Much can change in ten years as this 1960 photograph of the Sloop Inn shows.

Appuldurcombe House became a refuge for the Benedictines of Solesmes in 1901 before they moved to Quarr six years later. The house remained unsold and decaying until it was damaged by a land-mine. It now stands, a roofless ruin, a shell in the care of the Department of the Environment. The building on the left was known as St Peter's Abbey.

The foundations for part of the new Quarr Abbey, 1907.

The new Quarr Abbey nearing completion, 1909.

Long-distance photograph of the fleet review of 1911 taken by one of the monks from a window in Quarr Abbey.

# *Acknowledgements*

The area covered by this book is comparatively vast and involved quite a number of people without whose help, advice, trust, encouragement and general cooperation it would not have been possible. Therefore, I would like to thank the following:

Peter T.G. White, my friend and colleague, whose assistance in the collation and word processing of the letters and captions has been invaluable.

Roy Brinton of Ryde • Mrs Castle, Ryde Baptist Church
Jim Caws, Caws' Shoes of Seaview • Will Caws, builder of Seaview
Father Charles of Quarr Abbey, Wootton • Revd Gerald Clark, Minister, Ryde
Baptist Church • Revd Dunne, St Mary's Roman Catholic Church, Ryde
Mandy Gorman, Ryde School • Mr Gould of Ryde • Malcolm Johnson of
Cowes • Eddie Leal of Ryde • Colin Leal of Havenstreet • Mr A. Polino
Roma Cars (taxis), Newport • Mr and Mrs Gordon White of Ryde
Mr Williams, Ilfracombe, Devon • Mr and Mrs A. Wray of Northwood.

And finally my thanks to Bert Draper for not only supplying photographs but for all his help and encouragement.